Blum/Gorelova
Weg zum Erfolg

Tamara Blum/Elena Gorelova

ПУТЬ К УСПЕХУ
Weg zum Erfolg

Russisch für Alltag und Beruf

Arbeitsbuch

Übungen
Grammatischer Kommentar in deutscher Sprache

Band 2

Wien 2016

facultas

Redaktion: Prof. Dr. S. A. Chawronina
Korrektorat: Dr. T. I. Ryazantseva
Gestaltung, Layout und Satz: A. B. Sivitskiy
Umschlaggestaltung: Z. V. Kamaeva
Illustrationen: T. A. Sivitskiy

Die Aufnahme wurde im Studio „Media 1" in Sankt Petersburg in Russland gemacht.
(Media 1 Recording Studio, Saint Petersburg, Russia)

Audio-Materialen finden Sie unter
www.facultas.at/wegzumerfolg

Mit Unterstützung der

Bibliografische Information Der Deutschen Nationalbibliothek
Die Deutsche Nationalbibliothek verzeichnet diese Publikation in der Deutschen Nationalbibliografie;
detaillierte bibliografische Daten sind im Internet über http://dnb.d-nb.de abrufbar.

Alle Angaben in diesem Fachbuch erfolgen trotz sorgfältiger Bearbeitung ohne Gewähr,
eine Haftung des Autors oder des Verlages ist ausgeschlossen.

Copyright © 2016 Facultas Verlags- und Buchhandels AG
facultas Universitätsverlag, 1050 Wien, Österreich
Alle Rechte, insbesondere das Recht der Vervielfältigung und der Verbreitung sowie der
Übersetzung, sind vorbehalten.
Druck: Finidr, s.r.o., Český Těšín

ISBN 978-3-7089-1447-3

Содержание Inhalt

1. Пора в дорогу!
Es ist Zeit, sich auf den Weg zu machen! 6

2. Тысяча дел, тысяча проблем
Tausend Aufgaben, tausend Probleme 17

3. Дом, в котором мы живём…
Das Haus, in dem wir wohnen … 29

4. Добро пожаловать в нашу гостиницу!
Herzlich willkommen in unserem Hotel! 41

5. Проверим себя
Wir überprüfen unsere Kompetenzen 53

6. Мой путь к успеху
Mein Weg zum Erfolg 59

7. Посетите нашу выставку!
Besuchen Sie unsere Ausstellung! 72

8. Представляем нашу компанию
Wir stellen unsere Firma vor 84

9. Обсуждаем условия контракта
Wir diskutieren Vertragsbedingungen 98

10. Проверим себя
Wir überprüfen unsere Kompetenzen 111

Грамматический комментарий
Grammatischer Kommentar

> **Урок 1**
Lektion 1 120
> **Урок 2**
Lektion 2 122
> **Урок 3**
Lektion 3 124
> **Урок 4**
Lektion 4 126
> **Урок 6**
Lektion 6 127
> **Урок 7**
Lektion 7 129
> **Урок 8**
Lektion 8 131
> **Урок 9**
Lektion 9 132

Ключи
Lösungen 134

1. Пора в дорогу!

1. а) Напишите, какие это месяцы.

весенние · летние · осенние · зимние

1) Декабрь, январь, февраль – это _____ месяцы.
2) Июнь, июль, август – это _____ месяцы.
3) Сентябрь, октябрь, ноябрь – это _____ месяцы.
4) Март, апрель, май – это _____ месяцы.

б) Продолжите.

1) В январе, _____ , _____ , _____ , _____ , _____ и _____ 31 день.
2) В апреле, _____ , _____ , _____ 30 дней.
3) В _____ 28 или 29 дней.

в) Зимой, весной, летом, осенью? Дополните диалог.

– Сергей, скажи, пожалуйста, когда у вас в университете каникулы?
– Летние каникулы в июле и в августе, а зимние – в феврале. Но только полмесяца. А у вас в Австрии?
– _____ мы тоже не учимся два месяца. Но у нас каникулы и в сентябре. _____ мы отдыхаем весь месяц – февраль. А ещё есть небольшие каникулы _____ – в ноябре, и _____ , обычно в апреле.

2. а) Найдите в Интернете информацию о погоде в разных городах России и заполните таблицу.

город	температура воздуха		осадки, ветер
	днём	ночью	
1) Москва			
2) Петербург			
3) Сочи			
4) Иркутск			
5) Владивосток			

б) Напишите, где сейчас, по вашему мнению, хорошо отдыхать, а где – плохо. Почему.

Образец:

По-моему, сейчас плохо отдыхать в Сочи, потому что днём там ноль, ночью – минус 2 градуса. Идёт снег с дождём.

3. Подготовьте рассказ о погоде в вашем городе / регионе, используя следующий план.

1) Какая погода бывает обычно летом? А весной?
2) Зимой у вас обычно холодно или тепло?
3) У вас часто идёт снег? В какие месяцы?

4) Какая погода у вас обычно осенью? В каком месяце особенно часто идут дожди?
5) У вас бывает сильный ураганный ветер? Когда?
6) Где в вашей стране находится самый холодный регион? Какая самая низкая температура там зарегистрирована?
7) Какое у вас любимое время года? Почему?
8) Какую погоду вы любите?

4. а) Заполните таблицу.

1. и.п. ед.ч. 1 (один, одна, одно) 21, 31…	2. р.п. ед.ч 2 (два, две), 22, 32… 3, 23, 33… 4, 24, 34…	2. р.п. мн.ч. 5 – 20, 25 – 30, 35 – 40…
год		лет
		часов
градус	градуса	
		месяцев
	дня	дней минут
секунда	секунды недели	недель

б) Дополните диалоги, используя слова из таблицы.

1) – Сколько дней в марте?
   – В марте 31 _____ .
2) – Сколько минут в часе?
   – В часе 60 _____ .
3) – Сколько секунд в минуте?
   – В минуте 60 _____ .
4) – Сколько месяцев в году?
   – В году 12 _____ .
5) – Сколько дней в неделе?
   – В неделе 7 _____ .
6) – Сколько дней в году?
   – В году 365 или 366 _____ .
7) – Сколько в неделе рабочих и нерабочих дней?
   – В неделе 5 рабочих _____ и два нерабочих _____ .
8) – Сколько недель в месяце?
   – В месяце 4 _____ .

5. а) Напишите, кто как проведёт свободное время.

Мы часто проводим выходные на природе, и эти выходные мы тоже *проведём на природе*.

1) Обычно мы с детьми проводим свободное время в парке, и этот вечер мы тоже _____ .

_____

1. Пора в дорогу!

2) Света и Сергей все выходные проводят на даче. Эти выходные они тоже _____.

3) Максимилиан каждый отпуск проводит на море, и этот отпуск он тоже _____.

4) Каждые каникулы я провожу с семьёй в горах. И эти каникулы я тоже _____.

5) Ты всё воскресенье проводишь у компьютера, и это воскресенье ты тоже _____?

6) Вы всё свободное время проводите в фитнес-клубе, и эту субботу вы тоже _____?

6) Напишите, кто как провёл этот день.

Образец:

Наташа весь день занималась в библиотеке.
Наташа весь день провела в библиотеке.

1) Олег весь день тренировался на стадионе.

2) Наша проектная группа весь день работала в офисе.

3) Оксана и Рихард всё воскресенье гуляли на берегу Москвы-реки.

4) Мы весь день катались в парке на роликах.

5) Господин Вайс весь день был в Третьяковской галерее.

6) Вероника всю субботу отдыхала за городом на даче.

6. Вставьте глагол *пойти* в правильной форме.

1) – Сегодня отличная погода, я _____ гулять в парк. Наташа, _____ со мной?
 – С удовольствием!

2) – Папа, мы _____ завтра кататься на роликах?
 – Нет, дочка, завтра будет дождь. Вы с Катей _____ в кино.

3) – Антон, ты _____ на семинар по межкультурной коммуникации?
 – Да! Вся наша группа _____ на этот семинар. Это очень интересная тема.

4) – Ты не забыл, что директор и главный бухгалтер завтра _____ в банк оформлять новый кредит.
 – Честно говоря, забыл. Я _____ готовить документы.

7. Соедините и напишите предложения по образцу. Возможны варианты.

Образец:

Если будет жарко, мы пойдём на озеро.

пойдёт дождь	пойти в библиотеку заниматься
будет хорошая солнечная погода	пойти на пляж
будет жарко	пойти в парк кататься на лыжах
пойдёт снег	пойти в музей или в кино
будет сильный холодный ветер	весь день провести перед телевизором
будет сильный мороз	пойти на озеро

8. а) Напишите ответы.

1) – Какое сегодня число?
   – _____

2) – Какое число было вчера?
   – _____

3) – Какое число будет завтра?
   – _____

б) Напишите диалоги по образцу.

Образец: 3.04. – 2.04.
– Какое сегодня число? Третье апреля?
– Нет, сегодня второе апреля.

1.01. – 2.01. · 10.02. – 11.02. · 17.06. – 18.06.
7.09. – 8.09. · 19.11. – 20.11. · 30.12. – 31.12.

в) Напишите, на какое число запланированы эти мероприятия.

Образец: менеджер – запланировать совещание – на 15.05.

– *На какое число менеджер запланировал совещание?*
– *На пятнадцатое мая.*

1) секретарь – заказать авиабилеты – на 28.09.

2) вы – забронировать номера в гостинице – на 15.06. и 16.06.

3) директор – запланировать видеоконференцию – на 3.07.

4) наша практикантка – зарезервировать банкетный зал – на 2.08.

1. Пора в дорогу!

5) мы – запланировать корпоративную вечеринку – на 7.03.

6) Маркус – заказать билеты в Большой театр – на 26.12.

9. а) Вставьте глагол *поехать* в правильной форме.

– Мартин, у тебя уже есть планы на лето?
– Мы с Ксенией, наверное, _____ в Австрию, я хочу ей показать Вену и Зальцбург. А ты, Вадим, уже решил, куда _____?
– Даже не знаю. Кристина, моя подруга, _____ домой в Ригу. А я, наверно, _____ с друзьями на Волгу. Они _____ туда в августе и приглашают меня.
– Маша, Аня, а вы куда _____?
– Мы, как всегда, на юг, в Сочи.

б) Напишите мейл вашим русским друзьям о том, куда вы поедете летом.

Дорогие Ирина и Андрей!
Вы спрашиваете меня, какие у меня планы на лето. Я решил / решила…

Обнимаю

10. Напишите диалоги по образцу.

Образец: зарегистрировать почту

– *Нам ещё надо зарегистрировать почту.*
– *Я зарегистрирую почту.*
– *Ты зарегистрируешь почту? Спасибо!*

1) забронировать номера в гостинице

2) зарезервировать столик в ресторане

3) организовать экскурсию по городу

4) сканировать документы

1. а) Дополните записи секретаря московской фирмы, используя следующие фразы.

записаться на приём в австрийское консульство • заказать авиабилет • заказать такси в аэропорт • организовать встречу в аэропорту (Домодедово) • купить путеводитель по Москве • зарезервировать столик в ресторане русской кухни • купить сувениры • обменять валюту • забронировать номер в отеле в Вене • заказать билеты в Большой театр • получить визу

Приём делегации из Германии
Мне надо _____

_____

Командировка директора в Вену
Мне надо _____

_____

б) Продолжите предложения.

Образец:
Я хочу обменять валюту, … (пойти в банк)
Я хочу обменять валюту, *поэтому мне надо пойти в банк.*

1) Пауль хочет получить российскую визу, … (пойти в российское консульство)

2) Эмма хочет провести выходные в Москве, … (заказать авиабилеты и забронировать гостиницу)

3) Мы хотим быстро доехать из аэропорта домой, … (заказать такси)

4) Мои коллеги поедут в командировку, … (запланировать встречи с деловыми партнёрами)

5) Вы едете в Петербург первый раз, … (купить путеводитель по Петербургу)

6) Маша, ты идёшь в магазин? На улице идёт дождь, … (взять зонтик)

12. Восстановите и запишите два диалога.

___ – Хорошо, Светлана Владимировна, я уже иду.
___ – Игорь! Нам пора.
___ – У меня ещё есть время. Тренировка начинается в 17:30, а сейчас только четыре часа.
___ – Светлана Владимировна! Одну минуту.
___ – Да-да… Пока!
___ – Нет-нет, мы уже опаздываем. А наши немецкие коллеги всегда очень пунктуальны.
___ – Но не забудь, что тебе ещё надо купить в аптеке витамины.
___ – Таня! Тебе пора. Ты же знаешь, что тренер не любит, когда вы опаздываете.

В офисе

_____

_____

1. Пора в дорогу!

Дома

_____
_____
_____

13. Напишите диалоги по образцу.

Образец: ты / 12:30 / 11:50 / экскурсия
— Тебе пора! Экскурсия начинается в 12:30.
— Мне пора? Нет, у меня ещё много времени! Сейчас только 11:50.

1) ты / 8:30 / 7:45 / урок

_____
_____

2) Саша, Витя / 14:20 / 13:55 / футбол

_____
_____

3) мы / 17:00 / 16:25 / фильм

_____
_____

4) вы / 19:00 / 17:45 / концерт

_____
_____

14. Пофантазируем! Вы с друзьями планируете путешествие по всему миру. Напишите подробный план вашего путешествия.

Образец:
Зимой, в декабре, мы поедем в Нью-Йорк встречать Новый год. В январе мы поедем в Альпы кататься на лыжах. В феврале мы поедем...

> кататься на лыжах • ходить в походы • встречать Новый год
> купаться в море • плавать на яхте • загорать на солнце
> осматривать достопримечательности • танцевать на карнавале

_____
_____
_____
_____
_____
_____

15. Напишите открытку.

Ситуация: Вы сейчас в отпуске. Напишите вашему русскому другу / вашей русской подруге,
- куда вы поехали отдыхать;
- почему вы решили туда поехать;
- что вам там нравится, а что не нравится;
- какая там погода, сколько градусов;
- что вы делаете днём и вечером;
- что вы планируете делать завтра.

_____
_____
_____
_____
_____
_____
_____
_____

6. а) Что к чему подходит? Соедините. Возможны варианты.

передать	потенциальным клиентам	дату конференции
подарить	нашим практикантам	сувениры
купить	деловым партнёрам	предложение
послать	родителям	компьютерные игры
дать	хорошим знакомым	задание
сообщить	русским друзьям	приглашение на юбилей
написать	детям	письмо

б) Напишите предложения по образцу, используя материал из пункта а).

Образец:

Мы подарим русским друзьям сувениры.

_____
_____
_____
_____

7. а) Напишите, чем занимаются эти специалисты в фирме.

Образец:

бухгалтер – подготовка годового отчёта
Бухгалтер занимается подготовкой годового отчёта.

1) логисты – транспортировка товара
_____

2) ИТ-менеджер – программирование
_____

3) переводчик – перевод документов
_____

1. Пора в дорогу!

4) юрист – контракты

5) маркетологи – анализ рынка

6) менеджер по рекламе – реклама

б) Напишите, чем интересуются эти люди.

Образец:
Сергей смотрит все важные футбольные матчи, часто бывает на стадионе.
Он интересуется футболом.

1) Марта и Габор посещают все интересные выставки современного дизайна.

2) Роберт занимается на курсах русского языка, хочет поехать на Байкал.

3) Борис регулярно читает книги и журналы по информатике.

4) Александр и Евгения любят Италию, они уже побывали в Риме, Венеции, Флоренции.

5) Мой брат ходит на все автомобильные выставки.

6) Мои родители посещают все премьеры в нашем оперном театре.

18. а) Напишите, кто о чём мечтает.

1) Мой брат мечтает о новой машине. А о чём мечтает твой брат?

2) Мои друзья мечтают о путешествии на Байкал. А о чём мечтают твои друзья?

3) Мой коллега мечтает об отпуске. А о чём мечтает твой коллега?

4) Наши дети мечтают о компьютерных играх. А о чём мечтают ваши дети?

5) Мои однокурсники мечтают о дипломе магистра. А о чём мечтают твои однокурсники?

6) Моя сестра мечтает о семье и детях. А о чём мечтает твоя сестра?

7) Я мечтаю о профессиональной карьере. А о чём мечтаешь ты?

б) Прочитайте мейл и напишите, о чём говорили на совещании.

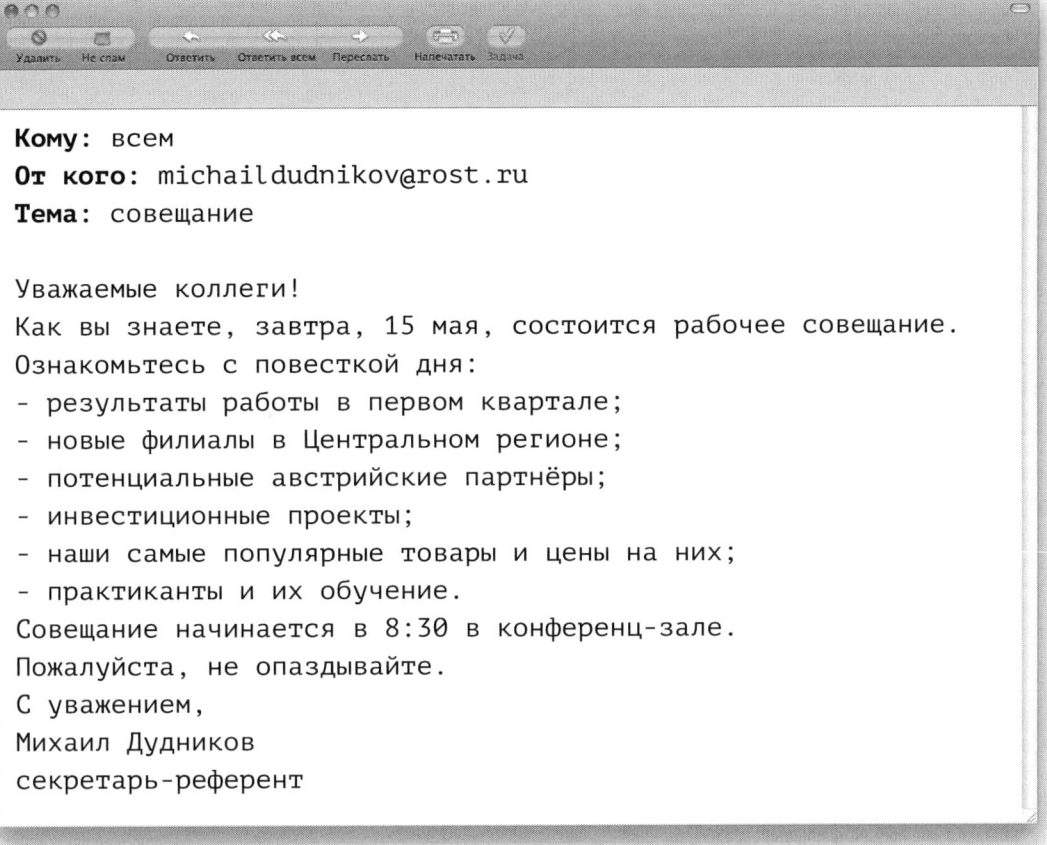

Кому: всем
От кого: michaildudnikov@rost.ru
Тема: совещание

Уважаемые коллеги!
Как вы знаете, завтра, 15 мая, состоится рабочее совещание.
Ознакомьтесь с повесткой дня:
- результаты работы в первом квартале;
- новые филиалы в Центральном регионе;
- потенциальные австрийские партнёры;
- инвестиционные проекты;
- наши самые популярные товары и цены на них;
- практиканты и их обучение.
Совещание начинается в 8:30 в конференц-зале.
Пожалуйста, не опаздывайте.
С уважением,
Михаил Дудников
секретарь-референт

15 мая на рабочем совещании говорили о результатах работы в первом квартале

9. а) Напишите, кто куда ходит. Используйте следующие слова.

часто · регулярно · каждый день
каждую неделю · каждые выходные

Образец:

Михаил увлекается теннисом. (теннисный корт)
Он часто ходит на теннисный корт.

1) Лена очень любит плавать. (бассейн)

2) Мои друзья интересуются классической музыкой. (концерты)

3) Ты увлекаешься современными танцами? (школа танца)

4) Герхард любит итальянскую кухню. (итальянские рестораны)

5) Я интересуюсь историей кино. (кинотеатр «Музей кино»)

6) Мои однокурсники пишут дипломные работы. (университетская библиотека)

1. Пора в дорогу!

6) Напишите, кто за что отвечает и куда ездит.

Образец:

Мария – проекты на Балканах – Белград и София
Мария отвечает за проекты на Балканах, поэтому она часто ездит в Белград и Софию.

1) Господин Шротт – туры по Испании – Мадрид и Барселона

2) Госпожа Курц – проекты в Скандинавии – Стокгольм и Осло

3) Маркус и Инна – филиалы фирмы в Германии – Берлин, Франкфурт и Мюнхен

4) Давид – рекламная кампания в Восточной Европе – Прага, Варшава и Львов

5) Анна и Филипп – контракты с Россией – Москва, Самара, Казань

6) Я – организация практики в Казахстане – Астана и Алма-Ата

20. Прочитайте мейл и напишите ответ вашим российским партнёрам.

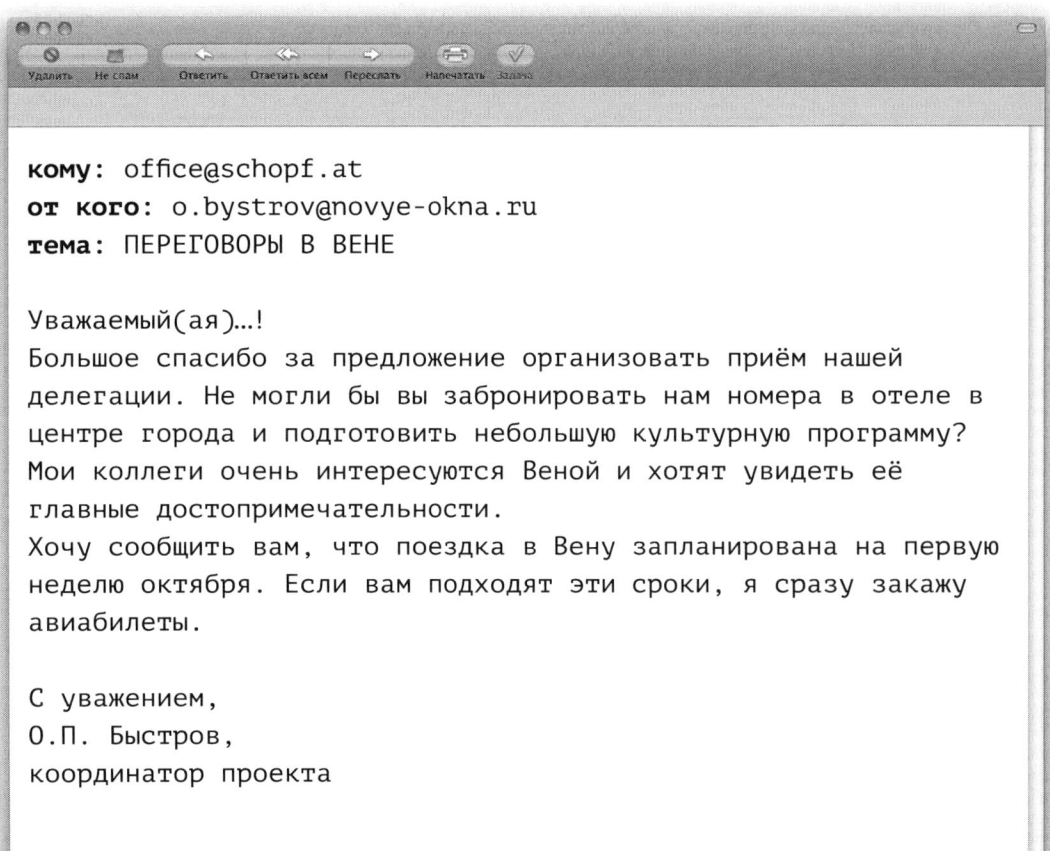

кому: office@schopf.at
от кого: o.bystrov@novye-okna.ru
тема: ПЕРЕГОВОРЫ В ВЕНЕ

Уважаемый(ая)...!
Большое спасибо за предложение организовать приём нашей делегации. Не могли бы вы забронировать нам номера в отеле в центре города и подготовить небольшую культурную программу? Мои коллеги очень интересуются Веной и хотят увидеть её главные достопримечательности.
Хочу сообщить вам, что поездка в Вену запланирована на первую неделю октября. Если вам подходят эти сроки, я сразу закажу авиабилеты.

С уважением,
О.П. Быстров,
координатор проекта

2. Тысяча дел, тысяча проблем

1. Напишите, что сказали врачу эти люди.

Образец:

Лидия Яковлевна: «У меня очень болит зуб».

Лидия Яковлевна сказала врачу, что у неё очень болит зуб.

1) Мария Ивановна: «У меня высокое давление и болит сердце».

2) Александр Степанович: «У меня болят глаза, и я плохо вижу».

3) Алёша: «У меня болит живот, я ничего не хочу есть».

4) Олег: «У меня болит голова и горло. Я не могу громко говорить».

5) Дмитрий: «У меня болит нога. Я не могу играть в футбол».

6) Ирина Николаевна: «У меня болят уши. Я плохо слышу».

2. Закончите предложения, используйте следующие слова в правильной форме.

преподаватель • знакомая • директор • зубной врач • психолог
главный бухгалтер • подруга • детский врач • деловой партнёр

Образец 1:

Марина ходила в центр «Наша помощь» *к психологу*.

1) Мама с сыном ходила на приём к _____.
2) Студентка ходила на консультацию к _____.
3) Дима ходил в стоматологический центр к _____.
4) Моя коллега ходила в банк к _____.
5) Мы ходили в больницу к _____.
6) Мои коллеги ходили на презентацию к _____.
7) Я ходила на день рождения к _____.

Образец 2:

Марина ездила в Кёльн к отцу.

Марина была в Кёльне у отца.

1) Сергей ездил в Австрию к дочке.

2) Ян ездил в Ростов к подруге.

3) Зимой мы ездили в Тироль к знакомому.

4) Мария ездила в Берлин к коллеге.

5) Летом мы ездили в Москву к бабушке.

6) Лена ездила на Камчатку к другу.

2. Тысяча дел, тысяча проблем

3. Напишите, что было сказано.

> **Образец:**
> – Александр, вы слишком много курите. У вас сильный кашель.
> *Александр слишком много курит, поэтому у него сильный кашель.*

1) – Денис, ты день и ночь сидишь в Интернете. У тебя болят глаза.

2) – Дмитрий Семёнович, вы слишком много работаете. У вас часто болит голова.

3) – Марина, вы слишком много едите. У вас высокий холестерин.

4) – Галина Николаевна, вы слишком много нервничаете. Вы плохо спите.

5) – Алёша, ты ешь только гамбургеры и пиццу. У тебя часто болит живот.

6) – Валя, ты никогда не принимаешь витамины. Ты часто болеешь.

4. а) Дополните диалог. Используйте следующие слова.

в магазин · бронхит · немного
к врачу · слишком · сильный · ходил

– Саша, куда ты _____?
– В поликлинику _____.
– А что с тобой?
– У меня _____ кашель. И ничего не помогает.
– Это потому, что ты _____ много куришь!
– Нет, мама, я курю совсем _____.
– Ну, хорошо. И что сказал врач?
– Сказал, что у меня _____.
– Понятно… Я сейчас пойду _____, там рядом есть аптека. Что надо купить?
– Вот рецепт. Там всё написано.

б) Реконструируйте диалог.

___ – По-моему, в этом возрасте это совершенно нормально.
_1_ – Марина, где вы были вчера после обеда?
___ – 15 лет.
___ – Да-да… Я помню. А в чём проблема, если не секрет?
___ – На консультации у психолога, Николай Андреевич. Я вам говорила.
___ – А сколько лет сыну?
___ – Понимаете, Николай Андреевич, мой сын очень недисциплинированный, всё забывает, плохо учится. И наши советы не слушает.

5. Дайте совет.

> Образец:
>
> Валя часто болеет, по-вашему, ей надо есть больше фруктов.
> – *Валя, если ты часто болеешь, то ты должна есть больше фруктов.*

1) У Дениса болят глаза, вы думаете, что ему надо меньше сидеть у компьютера.

_____

2) У Олега много стресса на работе, вы предлагаете ему больше гулять на свежем воздухе.

_____

3) Марина слишком много ест, по вашему мнению, ей надо больше заниматься спортом.

_____

4) Галина Николаевна плохо спит, вам кажется, что ей надо меньше нервничать.

_____

5) У Александра сильный кашель, вы советуете ему меньше курить.

_____

6) У Алёши часто болит живот, по-вашему, ему надо меньше есть гамбургеры.

_____

6. Восстановите вопросы врача.

– _____?
– Плохо. Мне очень холодно.
– _____?
– Голова и горло.
– _____?
– Нет, уши не болят.
– _____?
– Есть, 38 и 5.
– _____?
– Я заболел вчера вечером.
– _____?
– Нет, аллергии на антибиотики у меня нет.
– …Вот вам рецепт. Принимайте антибиотик два раза в день, утром и вечером. Придёте ко мне через неделю.
– Спасибо, доктор! До свидания.

7. а) Ответьте на вопросы по образцу.

> Образец:
>
> – У вас есть зелёный чай? (чёрный)
> – *Нет, у нас нет зелёного чая, есть только чёрный.*

1) – У вас есть тёмное пиво? (светлое)

_____

2) – У вас есть красная икра? (чёрная)

_____

2. Тысяча дел, тысяча проблем

3) – У вас есть белое вино? (красное)

4) – У вас есть крабовый салат? (овощной)

5) – У вас есть яблочный сок? (апельсиновый)

6) – У вас есть минеральная вода с газом? (минеральная вода без газа)

7) – У вас есть фруктовый йогурт? (натуральный)

8) – У вас есть яблочный джем? (абрикосовый)

9) – У вас есть рыбная закуска? (мясная)

б) Заполните таблицу.

Geschlecht / Endung	есть **что**? 1. и.п. ед. ч.	нет **чего**? 2. р.п. ед. ч.	мн. ч.
Maskulina auf harte Konsonanten	сок салат	сок**а**	салат**ов**
Feminina	конфет**а** закуск**а**	конфет**ы**	закус**ок**
Neutra auf -**о**	яйц**о** яблок**о**	яблок**а**	яиц
Maskulina und Feminina auf **ь, ш, ж, щ, ч** Neutra auf -**е**	штрудель сэндвич	штрудел**я**	штрудел**ей** сэндвич**ей**

в) Ответьте на вопросы по образцу.

Образец:
– У вас есть яблочный сок?
– *Нет, у нас нет никаких соков.*

1) – У вас есть овощной салат?

2) – У вас есть рыбная закуска?

3) – У вас есть натуральный йогурт?

4) – У вас есть бутерброд с колбасой?

5) – У вас есть австрийское белое вино?

6) – У вас есть сэндвич с тунцом?

7) – У вас есть яблочный штрудель?

8) – У вас есть шоколадные конфеты?

8. Дополните предложения, используйте формы компаратива.

1) Марк жил год в России и теперь говорит по-русски намного _____ (хорошо).
2) Дедушке _____ (плохо). Надо звонить врачу.
3) Врачи советуют нам есть _____ (много) овощей и фруктов.
4) – Какое у вас давление?
   – Сегодня _____ (высоко), чем вчера
5) Утром температура воздуха на 5 градусов _____ (низко), чем днём.
6) Пожалуйста, говорите _____ (громко)! Я вас плохо слышу.
7) Какая ужасная музыка! Сделай радио _____ (тихо).

9. Сравните.

> Образец:
>
> погода сегодня и погода вчера
> *Погода сегодня лучше, чем вчера.*

1) температура воздуха сегодня и вчера

2) классическая музыка и поп-музыка

3) Кавказ и Уральские горы

4) территория России и Германии

5) автомобиль «Лада» и «Мерседес»

6) Вена и Нью-Йорк

10. Прочитайте диалоги и напишите, о чём говорили эти люди.

> Образец:
>
> – Ксения! Какие у тебя планы на выходные?
> – Знаешь, Марина, я должна поехать домой к родителям. Папа болен, хочу помочь маме.
> *Марина спросила Ксению, какие у неё планы на выходные. Ксения ответила, что она должна поехать домой к родителям, потому что папа болен, и она хочет помочь маме.*

1) – Максим! Ты хочешь поехать с нами за город в субботу?
   – К сожалению, Андрей, я не могу. В субботу я должен работать. У нас новый проект, все мои коллеги будут в офисе.

2. Тысяча дел, тысяча проблем

2) — Лена, когда мы сможем пойти погулять? На улице такая прекрасная погода!
— Игорь, мы должны подготовить презентацию и переслать её преподавателю. Всё сделаем и пойдём гулять.

3) — Наташа, почему ты не идёшь с нами в парк кататься на роликах?
— Знаешь, Дима, я должна отдохнуть: плохо себя чувствую, у меня был тяжёлый день на работе.

11. Напишите, кто что должен сделать.

> **Образец:**
> Светлана Владимировна расскажет гостям о планах компании на следующий год.
> *Светлана Владимировна должна рассказать гостям о планах компании на следующий год.*

1) Николай поедет с делегацией на экскурсию в Исторический музей.

2) Практиканты закажут такси и забронируют номера в гостинице.

3) Директор познакомит гостей со структурой фирмы.

4) Главный бухгалтер подготовит отчёт за прошлый год.

5) Ирина организует фуршет.

6) Я куплю подарки гостям.

7) Коллеги решат, какая стратегия лучше.

12. а) Прочитайте записи и напишите, куда и к кому Валентина и Алекс должны поехать или пойти.

Валентина		Алекс	
29.04.	транспортное агентство (менеджер)	6.05.	поликлиника (окулист)
30.04.	фитнес-клуб (тренер)	7.05.	банк (консультант)
1.05.	дача (родители)	8.05.	урок русского языка (Наташа)
2.05.	фирма «Евростандарт» (главный бухгалтер)	9.05.	ужин (бабушка)
3.05.	день рождения (Тамара)	10.05.	вечеринка (Маркус и Лиза)

> **Образец:**
> *Двадцать девятого апреля Валентина должна поехать в транспортное агентство к менеджеру.*

6) Напишите, куда и к кому вы должны пойти / поехать на этой и на следующей неделе и почему.

Образец:

На этой неделе я должен пойти на приём к стоматологу, потому что у меня болит зуб.

3. а) Соедините.

– Где вы были вчера?
– Кто сегодня звонил?
– Что мне ещё надо сделать?
– Куда директор пойдёт завтра?
– Когда мы, наконец, будем на европейском рынке?
– Какие магазины сегодня работают?

– Никуда. На встречу с клиентами пойдут адвокат и главный бухгалтер.
– Никто не звонил.
– Если будем так медленно работать, то никогда!
– Никакие. Сегодня праздник.
– Ничего! Наш ассистент уже всё сделал.
– Нигде. Шёл дождь, и мы сидели дома.

б) Ответьте отрицательно.

Образец:

– Где вы были вчера?
– *Нигде не был*. Я плохо себя чувствовал.

1) – Где ты отдыхал в этом году?
– _____. У меня не было отпуска.

2) – У нас новый партнёр из Китая. Кто знает китайский язык?
– _____.

3) – Куда вы едете на выходные?
– _____. Мы любим отдыхать дома.

4) – Что ты пишешь? Бизнес-план?
– _____. Компьютер не работает.

5) – Куда ты ходила вчера вечером?
– _____. Было много работы.

6) – Когда ты был в России?
– _____. Но очень хочу поехать.

7) – Какие подарки ты купила детям?
– _____. Всё было очень дорого.

4. а) Соедините и напишите, кого куда можно пригласить. Возможны варианты.

Образец:

Российских гостей можно пригласить в ресторан на ужин.

2. Тысяча дел, тысяча проблем

Кого?	Куда?
новых коллег	на презентацию фирмы
деловых партнёров	в ресторан на ужин
потенциальных клиентов	на корпоратив
однокурсников	домой на обед
старых знакомых	в модный клуб
российских гостей	на бизнес-ланч
любимых подруг	в кафе на завтрак

6) Напишите ответы на вопросы. Используйте следующие слова.

детей · подруг · друзей · гостей · преподавателей · врачей · людей
женщин · мужчин · бабушек и дедушек · братьев и сестёр · родителей

1) Кого вы часто ждёте?

2) Кого вы всегда поздравляете с днём рождения?

3) Кого вы любите фотографировать?

4) Кого вы, по-вашему, хорошо знаете?

5) Кого вы иногда не понимаете?

6) Кого вы можете попросить о помощи?

7) Кого вы иногда ненавидите?

8) Кого вы больше всего любите?

15. а) Восстановите диалог, используйте следующие глаголы.

устраивает · перезвоню · помочь · слушает · говорит
поговорить · отправите · просили · уточнить · соедините

– Добрый день! Аптека «36 и 6», чем могу вам _____ ?
– Здравствуйте. Это _____ Виктор Горин, фирма «Уни-люкс». Я хотел бы _____ с Максимом Вольским. _____ меня, пожалуйста, с ним.
– Минуточку… Соединяю…
– Вольский _____ .
– Здравствуйте! Горин, фирма «Уни-люкс». Вы _____ перезвонить…
– Да. Я звонил, чтобы спросить, когда вы _____ нам весь заказ?

– К сожалению, всё лекарство сейчас мы не можем вам отправить. На этой неделе вы получите первую партию.
– А когда вы отправите вторую партию? Вы можете _____ дату?
– На следующей неделе, 20-ого мая. Это вас _____ ?
– Не совсем. Мы так не договаривались. Нам нужен весь заказ на следующей неделе.
– Хорошо. Я посмотрю, что можно сделать и вам _____ .
– Спасибо. До свидания.

6) *Спросить* **или** *попросить*? **Выберите правильное окончание предложений и напишите их.**

Я хочу спросить вас,…
Я хочу попросить вас…

- сколько стоит этот словарь.
- когда директор вернётся из командировки.
- перезвонить мне через час.
- какая погода будет завтра.
- помочь мне написать бизнес-план.
- передать эту информацию секретарю.
- что с заказами.
- уточнить сроки поставок.

6. а) Дам? Дашь? Даст? Дадим? Дадите? Дадут?

1) – Когда вы прочитаете эту газету, вы _____ её мне?
   – Конечно, _____ .
2) Ты _____ мне электронный адрес этой компании? Я сразу им напишу.
3) Наша фирма _____ вам гарантию на год.
4) Когда партнёры _____ нам ответ? Кто знает?
5) Я рад, что мы подписали этот контракт, потому что он _____ городу новые рабочие места.
6) Я не думаю, что этот банк _____ вам кредит.
7) Мы не можем решить этот вопрос сейчас, поэтому _____ вам ответ через два дня.
8) – Завтра ты _____ мне фотоаппарат на экскурсию?
   – Конечно, _____ .

б) Вставьте подходящий глагол в правильной форме.

Образец: давать / дать

Этот известный бизнесмен всегда с удовольствием даёт интервью. Я надеюсь, что он даст интервью и нашей газете.

давать / дать

1) Павел часто мне _____ ноутбук. И завтра он _____ мне ноутбук на занятие.
2) Я всегда _____ тебе книги. Когда я прочитаю этот роман, я тебе его тоже обязательно _____ .

2. Тысяча дел, тысяча проблем

3) Перед экзаменом преподаватели всегда _____ консультации студентам. И перед этим экзаменом преподаватели _____ нам консультации.
4) Обычно клиенты _____ нам гарантии. А вы _____ нам гарантию, что купите весь товар?
5) Ты всегда _____ мне хорошие советы. Я думаю, что и в этот раз ты _____ мне правильный совет.

передавать / передать

6) – Кто _____ каталоги нашим московским клиентам?
   – Лукас, он завтра летит в Москву. Он всегда _____ нашу документацию.
7) – Ольга, когда вы _____ мой проект директору?
   – В понедельник. Я всегда _____ ему документы в начале недели.
8) Привет, Клаус! Мы опять в Волгограде и _____ тебе большой привет от всех русских друзей. Через неделю мы вернёмся в Мюнхен и _____ тебе подарки от них.

17. а) Напишите ответы по образцу.

> **Образец:**
> – Могу я поговорить с госпожой Остлер? (юридическое агентство – нотариус – через час)
> – *Госпожа Остлер сейчас в юридическом агентстве у нотариуса. Она вернётся через час.*

1) – Могу я поговорить с Ириной Витальевной?
   (городская больница – коллега – через два часа)

2) – Могу я поговорить с Алексеем Карповым?
   (кондитерская фабрика – главный технолог – часа через три)

3) – Могу я поговорить с Валерией Фатеевой?
   (строительный объект – главный инженер – не вернётся в офис)

4) – Могу я поговорить с господином Юнгом?
   (бюро переводов – наша переводчица – через 20 минут)

5) – Могу я поговорить с Павлом Багиным?
   (поликлиника – врач – после обеда)

6) – Могу я поговорить с главным бухгалтером?
   (совещание – директор – через час)

7) – Иван Петрович, могу я поговорить с вами?
   (конференция – деловой партнёр – через два часа)

6) Измените вопрос по образцу.

Образец:
Когда ты придёшь с работы домой?
Когда ты вернёшься с работы домой?

1) Когда вы приедете из отпуска домой?

2) Когда заместитель директора приедет с конференции в офис?

3) Когда Аня придёт из института?

4) Когда наши гости придут из театра?

5) Когда господин Майер приедет из аэропорта в фирму?

6) Когда ты придёшь с презентации?

7) Когда мы прилетим из Москвы в Вену?

3. а) Распределите слова по рубрикам.

вокзал · аэропорт · приехал(-а, -и) · пассажир · прилетел(-а, -и) · пешеход · самолёт · зал прилёта · ехать · лететь · идти · пешком · стюардесса · пришёл (пришла, пришли) · поезд · зал вылета · зал ожидания · пешеходная зона

б) Напишите ответы по образцу.

Образец:
– Вы придёте на стадион пешком? (автобус)
– Нет, мы приедем на стадион на автобусе.

1) – Вы поедете в театр на такси? (пешком)

2) – Ваш главный менеджер приедет к нам на поезде? (самолёт)

3) – Группа бизнесменов прилетит в Киев на самолёте? (поезд)

4) – Вы прилетите в аэропорт Швехат? (Центральный вокзал)

5) – Ира и Саша придут к родителям пешком? (машина)

2. Тысяча дел, тысяча проблем

19. Дополните диалоги по образцу.

Образец 1:

– Володя был в среду на лекции?
– *Нет, его не было*, потому что он болел.

1) – Наш главный врач на прошлой неделе был в больнице?
   – Нет, _____, потому что он был в командировке.
2) – Мария Андреевна была в четверг на совещании?
   – Нет, _____, в это время она была у спонсоров.
3) – Олег, ты был в пятницу на работе?
   – Нет, _____, я плохо себя чувствовал.
4) – Наши инженеры были сегодня на планёрке?
   – Нет, _____, утром они были на строительном объекте.
5) – Саша, Игорь! Вы были вчера на тренировке?
   – Нет, _____, у нас был экзамен.

Образец 2:

– Константин будет в среду на конференции?
– *Нет, его не будет* в среду на конференции, потому что в это время он будет у клиента.

1) – Людмила Анатольевна, вы будет в июне на конференции?
   – Нет, _____, у меня в это время в университете много работы.
2) – Господин Вольф будет в пятницу на бизнес-ланче?
   – Нет, _____, у него в это время будет важная встреча.
3) – Ксения и Виталий будут на следующей неделе в университете?
   – Нет, _____, они будут на практике.

20. Ответьте на мейл.

Ситуация: Вы вчера плохо чувствовали себя, вас не было в офисе. Сегодня утром вы получили это электронное письмо. Напишите ответ.

Уважаемый/ая _____!
Просим Вас уточнить сроки отправки товара. Наши клиенты уже нервничают. Я звонил Вам вчера, но Вас, к сожалению, не было в офисе.
Если Вы отправите товар на этой неделе, пошлите мне, пожалуйста, счёт и упаковочный лист. Я должен оформить таможенные документы.
Надеюсь на Ваш оперативный ответ.
С уважением,
Александр Попов

3. Дом, в котором мы живём…

1. **Скажите по-другому.**

   Образец:
   Квартира, где две комнаты, – двухкомнатная квартира.

   1) Дом в три этажа – _____
   2) Здание, где десять этажей, – _____
   3) Отель ★★★★, – _____
   4) Гостиница ★★, – _____
   5) Номер в отеле, где может жить три человека, – _____
   6) Автомобиль, на котором может ехать два человека, – _____
   7) Квартира, в которой семь комнат, – _____
   8) Апартаменты, где три комнаты, – _____

2. **Продолжите предложения.**

   Образец:
   Первый этаж в европейских странах – это второй этаж в России.

   1) Второй этаж в европейских странах – _____
   2) Третий этаж в европейских странах – _____
   3) Четвёртый этаж в европейских странах – _____
   4) Пятый этаж в европейских странах – _____
   5) Шестой этаж в европейских странах – _____
   6) Седьмой этаж в европейских странах – _____
   7) Восьмой этаж в европейских странах – _____
   8) Девятый этаж в европейских странах – _____

3. **Какой или как? Продолжите предложения.**

   Образец: шумный – шумно
   Улица, где находится наш отель, очень *шумная*.
   На улице, где находится наш отель, очень *шумно*.

   1) дорогой – дорого
   Номер-люкс, где мы живём, очень _____.
   Отдыхать в пятизвёздочных гостиницах для нас слишком _____.

   2) дешёвый – дёшево
   Жить на окраине _____.
   _____ гостиницы обычно находятся на окраине.

   3) чистый – чисто
   Ванная в нашем номере была маленькая, но очень _____.
   В ванной было очень _____.

   4) светлый – светло
   В моём кабинете очень _____.
   Кабинет, где я работаю, очень _____.

3. Дом, в котором мы живём…

5) грязный – грязно
В больших городах воздух очень _____ .
После вечеринки на кухне было _____ .
6) уютный – уютно
После прогулки в зимнем лесу так _____ сидеть у камина!
Наш загородный дом очень _____ .
7) тихий – тихо
Вы говорите очень _____ , повторите, пожалуйста, что вы сказали.
В холле отеля всегда играет _____ приятная музыка.
8) тёмный – темно
Наша новая квартира на первом этаже, поэтому она _____ .
Здесь так _____ , надо включить свет.

4. Вам нужна квартира. Вы посмотрели две: первая квартира была прекрасная, а вторая – ужасная. Опишите вторую квартиру.

Текст о первой квартире вам поможет:
Первая квартира была просто прекрасная. Она находится в престижном районе в новом современном доме. Квартира светлая и уютная. Окна выходят на тихую зелёную улицу. Рядом парк, поэтому воздух в районе очень чистый. Недалеко от дома находятся магазины, рестораны, банк, школа и детский сад, а также фитнес-клуб. До остановки метро всего 5 минут пешком.

Вторая квартира

_____
_____
_____
_____
_____

5. а) Напишите, кто откуда и куда переедет.

Образец:
Ольга и Сергей: маленькая квартира – свой дом.
Они скоро переедут из маленькой квартиры в свой дом.

1) Мы: шумный центр – зелёный пригород
_____

2) Моя однокурсница: Вена – Франкфурт
_____

3) Ты: старый дом – таунхаус
_____

4) Я: фабричный район – престижный центральный район
_____

5) Мои друзья: Россия – Австрия
_____

б) Напишите, кто откуда и куда переехал.

> Образец:
> Секретариат: второй этаж – четвёртый этаж
> *Секретариат переехал со второго этажа на четвёртый этаж.*

1) Наш офис: первый этаж – третий этаж

2) Мои родители: улица Чехова – проспект Мира

3) Торговый центр: окраина – центральная площадь

4) Бабушка: север – Чёрное море

5) Мой друг: Урал – Байкал

в) Напишите, кто от кого к кому переехал.

> Образец:
> Сын: родители – подруга
> *Сын переехал от родителей к подруге.*

1) Дочь: родители – друг

2) Бабушка: внук – внучка

3) Мать: дочка – сын

4) Я: сестра – брат

5) Мой друг: знакомый – родители

6. Вставьте местоимения *его, её, их* **или** *свой*. **Не забудьте поставить местоимение** *свой* **в правильную форму.**

1) Моя коллега недавно переехала. Мне очень нравится _____ новая квартира.
2) Мои родители больше всего любят жить на даче и работать в _____ саду. Я недавно был в _____ саду и фотографировал цветы.
3) Маркус рассказал о _____ новой квартире в Москве. Эту квартиру оплачивает _____ фирма.
4) Моя однокурсница показала преподавателю _____ дипломную работу. Преподаватель сказал, что в _____ работе мало иллюстраций.
5) Многие москвичи считают, что самый удобный вид транспорта – _____ машина.
6) У моих однокурсников уже _____ бизнес. _____ фирма специализируется на недвижимости.

3. Дом, в котором мы живём...

7. Сниму? Снимешь? Снимет? Снимем? Снимете? Снимут?

1) – Олег, ты хочешь учиться в Петербурге? А где ты будешь жить?
   – Я _____ однокомнатную квартиру.
   – Интересно, как ты _____ квартиру? Ты же не работаешь!
   – Ну не я, конечно, а родители _____.

2) – Вы купили машину? А у вас рядом с домом есть парковка или вы _____ гараж?
   – Парковки, к сожалению, нет, мы _____ гараж.

3) – Ты слышал новость? Герхард получил новое место работы и будет теперь жить в Москве.
   – И где?
   – Пока не знаю. Герхард говорит, что фирма _____ ему квартиру.

8. Поставьте слова в правильную форму.

1) – Мы хотим купить дом в деревне. Выбрали пять _____ (дом) и на прошлой неделе уже посмотрели три _____ (дом).
   – И вам что-то подходит?
   – Да, один _____ (дом) нам очень понравился.

2) – Я живу в многоэтажном доме. В нём 24 _____ (этаж). А сколько _____ (этаж) в твоём доме?
   – Мы живём за городом, в нашем доме только два _____ (этаж).

3) – Все мои соседи – молодые люди, поэтому у нас на этаже всегда шумно и весело.
   – А сколько _____ (квартира) у вас на этаже?
   – Четыре _____ (квартира).

4) – Сколько _____ (комната) в вашей квартире?
   – Раньше мы жили в маленькой квартире, где было только две _____ (комната). А теперь у нас две спальни, кабинет, гостиная и детская, – всего пять _____ (комната).

5) – Скажите, пожалуйста, а ваша квартира светлая? Там много _____ (окно)?
   – Очень светлая. Все пять _____ (окно) в квартире выходят на юго-восток. В гостиной и спальне по два _____ (окно), в кухне – одно _____ (окно).

9. а) Напишите, чего нет в комнате.

> **Образец:**
> В комнате есть письменный стол?
> – *Нет, там нет письменного стола.*

1) – В комнате есть настольная лампа?
   – _____

2) – В комнате есть книжные полки?
   – _____

3) – В комнате есть большая кровать?
   – _____

4) – В комнате есть удобное кресло?
   – _____

5) – В комнате есть комнатные цветы?
   – _____

6) – В комнате есть большое зеркало?
   – _____

6) Напишите диалоги по образцу.

Образец: газовая плита

– В твоей старой квартире была газовая плита?
– Нет, там не было газовой плиты.

1) микроволновая печь

2) посудомоечная машина

3) стиральная машина

4) электрический чайник

5) современный тостер

6) электрическая плита

7) большой холодильник

10. Опишите свою комнату. Где что стоит? Где что висит? Где что лежит?

Что?	Где?
письменный стол и стул	над диваном
любимое кресло	под столом
большой шкаф	у окна
книжные полки	рядом с диваном
удобный диван	между окном и столом
картина	
семейная фотография	
комнатные цветы	

3. Дом, в котором мы живём...

11. а) **Восстановите объявления, вставьте глагол** *искать* **в правильной форме.**

Образец:

Ищу преподавателя немецкого языка. Тел. 283-92-57, Игорь Петрович

1) _____ постоянную работу. Опытный переводчик. Звонить по тел. 954 – 80 – 43, Олег
2) Мы – молодая динамичная компания. Мы _____ инвестора-партнёра. info@rost.ru
3) Германская фирма _____ представителя в России. office@holzkoenig.de
4) Вы – молодые предприниматели? Вы _____ перспективный бизнес? Будем партнёрами! investprojekt@mail.ru
5) Хочешь поработать во время каникул? _____ работу? На нашем сайте ты можешь разместить своё объявление. www.superjob.ru

б) **Напишите, кто что искал и нашёл. Используйте информацию из пункта а).**

Образец:

Ищу преподавателя немецкого языка. Тел. 283-92-57, Игорь Петрович

Игорь Петрович искал преподавателя немецкого языка и нашёл его.

1) _____
2) _____
3) _____
4) _____
5) _____

12. **Напишите письмо вашему другу из России о новой квартире, куда вы недавно переехали. Не забудьте написать о том,**

- в каком районе вы теперь живёте;
- на какой улице стоит ваш дом;
- сколько этажей в доме, где вы живёте;
- какая у вас теперь квартира.

_____
_____
_____
_____
_____
_____

13. а) *Нести* **или** *везти***? Вставьте глаголы в правильной форме.**

1) – Максим, куда ты идёшь?
– К Тане на день рождения. _____ ей подарок – кофеварку.
2) – Наташа, ты домой?
– Да, мне пора, надо приготовить ужин. Родители едут с дачи, _____ детей домой.
3) – Олег, посмотри в окно! Как много детей! Все идут и _____ цветы.
– Ты, Матиас, наверно, не знаешь, что у нас такая традиция: 1 сентября школьники всегда дарят учителям цветы.
4) – Мария Константиновна, где документы?
– Только что звонил курьер. Он уже едет и _____ документы. Через 10 минут будет у нас в фирме.
5) – Иван Петрович, вы едете в новый офис?
– Да, _____ туда мебель.

6) **В этой фирме сильны традиции – на корпоративных вечеринках всегда стандартное меню. Напишите, кто что принесёт в этом году.**

В прошлом году Наталья Петровна принесла салат «Оливье». Наши программисты привезли вино и шампанское. Шеф принёс торт. Практикантка принесла пирожки. А я привёз суши из ресторана «Токио».

И в этом году Наталья Петровна _____

_____

_____

14. Напишите ответы по образцу. Выскажите своё мнение, используя выделенные конструкции.

Образец:

– **Как ты считаешь,** где лучше отдыхать – на даче или на море?
– *Я считаю, что лучше отдыхать на море.*

1) – Где, **по-твоему,** лучше жить – в городе или в деревне?

2) – **Как ты думаешь,** в каких городах лучше жить – в больших или в маленьких?

3) – Что, **по твоему мнению,** лучше – жить в квартире или в своём доме?

4) – **Как ты считаешь,** на чём лучше ездить – на своей машине или на городском транспорте?

5) – Где, **по-твоему,** экологическая ситуация лучше: в Западной Европе или в Китае?

15. Прочитайте диалоги и напишите, что ответили эти люди.

Образец:

– Андрей! Почему ты всегда советуешься с братом?
– А с кем мне, по-твоему, советоваться? Ведь моему брату уже 40 лет, он знает жизнь лучше, чем я.

Андрей всегда советуется с братом, потому что его брату уже 40 лет, и он знает жизнь лучше, чем Андрей.

1) – Алла, ты каждый вечер звонишь родителям. Зачем?
– Как зачем? Ведь мои родители уже немолодые, часто болеют. Мне важно знать, как у них дела.

2) – Виктор! Почему вы переехали из центра на окраину?
– Как почему? У меня же семья, два сына, и нам в своём доме намного лучше, чем в маленькой квартире.

3) – Оля, почему вы решили купить квартиру? У вас теперь такой большой кредит!
– Как почему? Это же намного выгоднее, чем снимать!

3. Дом, в котором мы живём...

4) – Валентина, я не понимаю, почему вы каждое лето проводите на даче?
 – А что здесь непонятного? Ведь у нас там такая красота: свой сад, свои фрукты и овощи, свежий воздух.

16. а) Дайте совет своим знакомым. Используйте данные ниже глаголы и фразы.

Образец 1:
Это очень недорогая квартира в хорошем районе.
Вам стоит снять эту квартиру.

снять • прочитать • заказать • посмотреть • принять • забронировать • послушать • купить

1) В этом месяце специальное предложение на этот автомобиль.

2) Эта выставка очень интересная.

3) Это кресло очень удобное.

4) Эта лекция очень важная.

5) Этот роман очень увлекательный.

6) Эти номера в гостинице очень хорошие и недорогие.

7) Это предложение очень выгодное.

Образец 2:
Ваш знакомый дарит маленьким детям дорогие подарки.
Тебе не стоит дарить маленьким детям дорогие подарки.

дарить дорогие подарки • сидеть часами перед телевизором • нервничать
платить так много за квартиру • покупать дорогие вещи • гулять в холодную погоду
снимать квартиру на окраине • работать день и ночь • кататься на лыжах

1) У вашего друга финансовые проблемы.

2) Ваш коллега слишком много работает и мало отдыхает.

3) Ваша сестра нашла однокомнатную квартиру, но цена, по-вашему, слишком высокая.

4) У вашей подруги болит горло.

5) Ваш брат работает в банке в центре городе.

6) Ваша подруга опаздывает на встречу и очень нервничает.

7) Ваш друг сейчас не работает и всё время сидит дома.

6) **Напишите, что** *стоит* **сделать, а чего** *не стоит* **делать.**

1) Я считаю, что _____ ездить на своей машине на работу, ведь у нас в городе хорошо работает городской транспорт.
2) Я думаю, что _____ прочитать роман Толстого «Война и мир», ведь из него мы много узнаём о людях их характерах.
3) По моему мнению, _____ поехать на экскурсию в Петербург, ведь это один из самых красивых городов мира.
4) По-моему, _____ загорать на солнце, так как ультрафиолетовые лучи вредны для здоровья.
5) Я считаю, что _____ купить абонемент в фитнес-клуб, ведь регулярно заниматься спортом очень полезно.
6) По-моему, _____ ехать на море в ноябре, потому что купаться в море уже нельзя.
7) Я думаю, что _____ купить мебель в Икее, потому что её делают хорошие дизайнеры, она удобная и недорогая.

17. **Напишите диалоги по образцам.**

Образец 1: центральная больница – остановка «Больница»
– *Простите, как мне попасть в центральную больницу?*
– *Вам надо доехать до остановки «Больница».*

1) аэропорт – станция «Аэропорт Домодедово»

2) Московский вокзал – остановка «Московский вокзал»

3) книжный магазин – станция метро «Пушкинская»

4) улица Гоголя – остановка «Улица Гоголя»

5) гостиница «Восток» – остановка «Ботанический сад»

6) выставочный центр – остановка «Выставка»

7) клуб «Б2» – остановка «Большая Садовая улица»

Образец 2: остановка «Больница» – тридцать шестой троллейбус
– *На чём я могу доехать до остановки «Больница»?*
– *На тридцать шестом троллейбусе.*

1) станция «Аэропорт Домодедово» – аэроэкспресс

3. Дом, в котором мы живём...

2) остановка «Московский вокзал» – пятый троллейбус

3) станция «Пушкинская» – метро

4) остановка «Улица Гоголя» – шестьдесят седьмой автобус

5) остановка «Ботанический сад» – семнадцатый трамвай

6) остановка «Выставка» – маршрутка номер 13

7) остановка «Большая Садовая улица» – десятый троллейбус

18. Повторите, как попасть в нужное место.

Образец:

– Маркус, тебе надо попасть в университет? Я тебе объясню. Тебе надо доехать до станции метро «Университет», выйти из метро, перейти улицу и повернуть налево.
– *Понятно, я доеду до станции метро «Университет», выйду из метро, перейду улицу и поверну налево.*

1) – Андрей, запиши, как ко мне попасть. Тебе надо доехать до остановки «Ботанический сад», перейти улицу и дойти до супермаркета. Рядом мой дом.
– Ясно, я _____

2) – Дорогие гости, сегодня вечером мы встречаемся в фойе Большого театра. Туда попасть очень просто. Вам надо выйти из метро на станции «Театральная», повернуть налево, перейти Театральную площадь и войти в здание театра.
– Понятно, мы _____

3) – Катрин, объясните господину Вайсу, как попасть в наш новый офис. Ему надо доехать до станции «Спортивная», выйти из метро, сразу повернуть направо и дойти до бизнес-центра.
– Хорошо, я всё ему объясню. Он _____

19. Вставьте подходящий глагол в правильной форме.

Образец:

дарить – подарить
– Марта пригласила нас на новоселье. Что мы ей *подарим*?
– На новоселье люди часто *дарят* вазы, картины, бытовую технику...

1) снимать – снять
Каждое лето мои родители _____ дачу, и этим летом тоже _____.

2) принимать – принять
Мы всегда _____ наших деловых партнёров в конференц-зале. Но сейчас там ремонт. Где же мы их _____ в этот раз?

3) давать – дать
Каждый вторник наш юрист _____ консультации клиентам. Приходите к нему в следующий вторник, и он _____ вам ответы на все ваши вопросы.

4) сдавать – сдать
В следующем году я надолго уеду за границу и обязательно на это время _____ свою квартиру. Все знакомые _____ квартиры в такой ситуации.

5) продавать – продать
Каждый год наша риелтерская компания _____ приблизительно 100 элитных квартир. Надеемся, что в этом году мы _____ больше.

6) передавать – передать
– Кто завтра _____ ключи от квартиры нашим гостям?
– Как обычно, наш сосед. Он всегда _____ ключи, когда нас нет.

7) покупать – купить
Ты каждый раз _____ маме такие интересные подарки! Может быть, ты и в этот раз _____ подарок от нас?

8) платить – заплатить
Обычно я немного _____ за отопление, но эта зима очень холодная, и я думаю, что _____ намного больше.

20. Прочитайте объявления, размещённые на сайте domofond.ru. Напишите, какое объявление кого заинтересует и почему.

1) СДАМ 2х-КОМНАТНУЮ КВАРТИРУ В ЭЛИТНОМ ДОМЕ. Квартира после евроремонта. Квартира полностью меблирована, есть вся бытовая техника. Общая площадь 80 м². Этаж 9/9, панорамный вид. Обязательная предоплата за 3 месяца. Тел.: 201-94-68. Агентствам просьба не звонить.

2) ПРОДАМ 3х-КОМНАТНУЮ КВАРТИРУ В НОВОСТРОЙКЕ. Дом построен месяц назад, ключи на руках. До метро 20-30 минут на городском транспорте: маршрутки ходят через каждые 3 минуты. Развитая инфраструктура: детские сады, школа, супермаркеты, бассейн, стадион, фитнес-центр, боулинг. Прекрасная экология: рядом с домом 4 чистых озера и лесопарковая зона. Этаж 4/19. Общая площадь 68 м². Комнаты: 27 м². и 13 м². Кухня 12 м². Квартира с мебелью. Контакт: albina.zotova.07@mail.ru; тел.: 381 60 71

3) СДАЮ ДВУХКОМНАТНУЮ КВАРТИРУ. Квартира после косметического ремонта, очень чистая и уютная. Мебель в хорошем состоянии, есть телевизор, холодильник, новая газовая плита. Общая площадь 65 м². Этаж 5/12. Дом находится в зеленой зоне, окна выходят во двор, рядом супермаркет, автостоянка, детский сад. Тел.: 581 69 23

4) СНИМУ ОДНОКОМНАТНУЮ КВАРТИРУ в районе медицинского университета на длительный срок, желательно с Интернетом. Я некурящий, порядок и оплату гарантирую. Для связи: профиль в ВКонтакте: http://vk.com/ dreamertim, тел.: 477 03 28, спросить Тимофея

3. Дом, в котором мы живём...

5) КУПЛЮ ОДНО- ИЛИ ДВУХКОМНАТНУЮ КВАРТИРУ. Бюджет – 5 млн рублей. Желательна новостройка, в Москве или в пригороде, важна хорошая транспортная доступность и инфраструктура (торговый центр, детский сад, школа). Площадь от 36 м^2. Не студия. Тел.: 518-67-43

6) ВЫГОДНО ПРОДАМ ТАУНХАУС в районе Центрального стадиона. Площадь 170 м^2, четыре комнаты, кухня 24 м^2, место для парковки, все коммуникации центральные. Школа в 2-х минутах ходьбы, детский сад, автобусные и троллейбусные остановки, – всё рядом. Бассейн, спортивные клубы для детей. Тел.: 611 98 25

Эти люди прочитали объявления на domofond.ru:

▸ Ирина и Фёдор – молодая семейная пара с маленьким ребёнком. Ирина – студентка, а Фёдор работает в логистической фирме. Они ищут недорогую квартиру в доме рядом с парком и с хорошей инфраструктурой.

▸ Людмила Васильевна – пенсионерка, переехала к сестре в деревню. Хочет сдать или продать свою небольшую квартиру в центре города.

▸ Алексей и Алина – владельцы небольшой торговой фирмы. У них сын-школьник. Ему 13 лет. Вся семья занимается спортом. Они хотят переехать из центра города в зелёный район.

	объявление
Ирина и Фёдор	
Людмила Васильевна	
Алексей и Алина	

4. Добро пожаловать в нашу гостиницу!

1. Напишите диалоги по образцу.

Образец: платная стоянка
— Здесь, кажется, была платная стоянка.
— Нет, здесь никогда не было платной стоянки.

1) обменный пункт

2) тренажёрный зал

3) парикмахерская

4) финская сауна

5) плавательный бассейн

6) ночной бар

7) сувенирный киоск

2. Ответьте на вопросы по образцу.

Образец:
— Ты нашёл новую работу? Ну и как, нравится? (интересный)
— Да, эта работа намного интереснее.

1) — Вы переехали в новый район? Ну и как, нравится? (тихий)
—

2) — Ты купила новый компьютер? Ну и как, нравится? (современный)
—

3) — Ты теперь снимаешь другую квартиру? Ну и как, нравится? (дешёвый)
—

4) — Вы переехали в новый офис? Ну и как, нравится? (просторный)
—

5) — Ты поменял номер? Ну и как, нравится? (хороший)
—

6) — Вы купили новую машину? Ну и как, нравится? (удобный)
—

7) — Вы теперь заказываете фуршеты в фирме «Banquet Hall»? Ну и как вам меню, нравится? (разнообразный, дешёвый)
—

4. Добро пожаловать в нашу гостиницу!

3. Реконструируйте диалог.

___ – Сауна – это хорошо. Скажите, а у вас можно позавтракать?
___ – Всё правильно. Дайте, пожалуйста, ваш паспорт… Вы получите его завтра утром. Вот ваш ключ от номера и карта гостя.
_1_ – Добрый день. Я хотела бы остановиться в вашей гостинице. Мне нужен одноместный номер на сутки.
___ – Хорошо. Тогда заполните, пожалуйста, регистрационную форму.
___ – Нет, я не бронировала номер.
___ – 5000 рублей – это, конечно, дорого.
___ – Да, у нас гостиница с завтраком. Шведский стол.
___ – Здравствуйте! Я правильно поняла, у вас номер не забронирован?
___ – А можно уточнить, сколько он стоит?
___ – Прекрасно. Тогда я возьму этот номер.
___ – 5000 рублей в сутки.
___ – Да, конечно… Вот, готово.
___ – Сейчас посмотрю, что у нас есть. Так… Все одноместные номера уже заняты. Могу предложить стандартный двухместный номер.
___ – Но этот номер со всеми удобствами. Вы также можете бесплатно пользоваться сауной и тренажёрным залом.
___ – Спасибо.

4. а) Ответьте на вопросы по образцу.

> **Образец:**
> Ты не подскажешь, как работает магазин «Продукты»? (8:00 - 19:00)
> – *Магазин открывается в восемь часов утра, закрывается в семь часов вечера.*

1) – Ты не подскажешь, как работает библиотека? (11:00 – 21:00)

2) – Ты не подскажешь, как работают филиалы банка «Москва»? (10:00 – 18:00)

3) – Ты не подскажешь, как работает юридическое агентство? (9:00 – 16:00)

4) – Ты не подскажешь, как работает стоматологическая клиника? (7:00 – 20:00)

5) – Ты не подскажешь, как работают билетные кассы «Большого театра»? (14:00 – 17:00)

6) – Ты не подскажешь, как работает ресторан «Столичный»? (12:00 – 02:00)

7) – Ты не подскажешь, как работает бар «Камчатка»? (19:00 – 6:00)

б) Напишите, как работают эти учреждения (см. задание 4. а).

> **Образец:**
> *Магазин «Продукты» открыт с восьми часов утра до семи часов вечера.*

5. Вставьте глагол *останавливаться* **в правильной форме.**

1) – Катя, ты часто ездишь в Петербург, скажи, в каком отеле ты _____?
   – Я _____ в гостинице «Эрмитаж».
2) – Мы с друзьями обычно _____ в дешёвых гостиницах. А вы?
   Где вы обычно _____?
   – Мы тоже предпочитаем недорогие отели.
3) – Наш генеральный директор едет в командировку. Надо ему забронировать номер.
   – Не забудь, что он всегда _____ только в пятизвёздочных отелях.
4) – В какой гостинице жили ваши дети, когда были в Вене?
   – Знаете, они _____ у наших друзей.
5) – Сергей, я знаю, что ты недавно был в Барселоне. Где ты там _____?
   – Я _____ в хостеле и был очень доволен.

6. Восстановите отзывы о гостинице «Эрмитаж», вставив слова из рамок в правильной форме.

| находиться • выходить • выбирать • ценить • входить • останавливаться |

1) Екатерина: Мы с мужем очень _____ уют и тишину, поэтому обычно _____ небольшие гостиницы с семейной атмосферой.
Мы _____ в гостинице «Эрмитаж» в мае.
Отель _____ в центре, мы думали, что будет довольно шумно. Но (приятный сюрприз!) окна нашего номера _____ на тихую улицу.
В стоимость номера _____ вкусный домашний завтрак, а также заказ экскурсий и, конечно, доступ в Интернет.
Хорошо, что мы выбрали этот отель!

| тихий • одноместный • шумный • уютный • трёхзвёздочный • чистый |

2) Дмитрий: Если вы хотите остановиться в _____ недорогой гостинице в центре Санкт-Петербурга, то «Эрмитаж» – отличный выбор.
Это _____ гостиница, но номера здесь _____ и комфортные.
Я жил в _____ номере, но там есть двухместные и даже трёхместные номера. Один минус – Интернет, к сожалению, работал не всегда.
А плюсов много: отель расположен в центре, недалеко от Эрмитажа, рядом Невский проспект и Летний сад. Находится гостиница в _____ месте, что в _____ центре Петербурга редкость.

7. а) Дополните диалоги, используя антонимичную конструкцию с глаголом *тратить.*

Образец:
– Наша фирма экономит на рекламе.
– *А наша фирма тратит много денег на рекламу.*

1) – Мои друзья экономят на гостиницах.
   – _____

4. Добро пожаловать в нашу гостиницу!

2) – Моя подруга экономит на отоплении и на электричестве.
–

3) – Фирма «Рост» экономит на рекламе.
–

4) – Когда я был студентом, я экономил на квартире и жил в общежитии.
–

5) – В этом году я экономлю на отпуске и отдыхаю на даче.
–

6) Перефразируйте.

Образец:
Наша фирма организует видеоконференции, поэтому мы не тратим много денег на поездки.
Наша фирма организует видеоконференции, поэтому мы экономим на поездках.

1) Я не трачу много денег на авиабилеты, так как всегда покупаю их заранее через Интернет.

2) Мы не тратим много денег на рестораны и обычно ужинаем дома.

3) Моя сестра не тратит много денег на модные аксессуары.

4) В Москве мы всегда останавливаемся у знакомых и не тратим деньги на отели.

5) Мои друзья не тратят много денег на мебель и покупают всё в Икее.

8. Вставьте глагол нужного вида в правильной форме.

экономить – сэкономить

1) Наше предприятие _____ на электроэнергии. В прошлом году мы _____ несколько тысяч евро.
2) – Почему ты каждый раз _____ на гостиницах?
   – В гостинице я только сплю. Я лучше _____ деньги и потрачу их на театры и музеи.

тратить – потратить

3) Я редко _____ деньги на модные вещи. Но вчера я _____ большую сумму на новую модель смартфона.
4) – Я не понимаю, почему вы всегда _____ так много денег на дорогие отели? В эти выходные мы останавливались в очень симпатичном отеле и _____ совсем немного.

останавливаться – остановиться

5) Мои коллеги обычно _____ в отелях в центре города, но на прошлой неделе они _____ в маленькой гостинице на окраине и были довольны.
6) – Макс, ты опять летишь в Новосибирск? А где ты _____ в этот раз?
   – Я всегда _____ в гостинице «Сибирь». Это моя любимая гостиница.

предлагать – предложить

7) Обычно турагентства сначала _____ дорогие гостиницы. А наш туроператор сразу _____ нам четырёхзвёздочный отель по очень выгодной цене.

8) – Ваш отель _____ дополнительные услуги?
   – Да, конечно!
   – Интересно… А почему ваш администратор вчера не _____ нам помощь в заказе экскурсии?

9. Напишите, кто чем был доволен.

Образец 1:

Маргарита: в гостинице был бассейн

Маргарита была очень довольна тем, что в гостинице был бассейн.

1) Ольга Петровна: отель предлагает различные бесплатные услуги

2) Джон: персонал хорошо говорит по-английски

3) господин и госпожа Вайнбауэр: отель предлагает визовую поддержку

4) Кузнецовы: отель расположен в тихом месте

5) Ксения: гостиница находится в центре

Образец 2:

Илья Воронов: разнообразный шведский стол

Илья Воронов был очень доволен разнообразным шведским столом.

1) Господин Курц: вежливое и внимательное обслуживание

2) Роман: организация трансфера

3) Ирина Дмитриевна: просторный номер и удобная кровать

4) Макс и Вера: бесплатный доступ к Интернету

5) Госпожа Шварц: высокий уровень сервиса

4. Добро пожаловать в нашу гостиницу!

10. Дополните диалог, используя следующие фразы.

А можно уточнить	Скажите, пожалуйста	
Слушаю вас	Разве я не сказала	Дело в том, что
У меня ещё один вопрос	Да, пожалуйста	Ясно
Ждём вас	Звоню, чтобы узнать	

– «Аэрофлот. Российские авиалинии». _____.
– Добрый день. Меня зовут Мартина Хубер. Я хотела заказать у вас авиабилет через Интернет, но заказ не проходит. _____, в чём дело.
– _____ у нас технические проблемы. Бронирование через Интернет временно невозможно.
– Понятно. А могу я заказать авиабилет по телефону?
– _____. На какой рейс?
– Рейс Москва – Вена 25-ого сентября. Вылет в 20:30.
– Хорошо. А когда вы летите обратно?
– 1-ого октября, вечерний рейс.
– _____, какой именно рейс вам нужен – в 19:15 или в 21:25?
– В 19:15.
– _____. На какую фамилию бронируем билеты?
– _____? На фамилию Хубер. _____, а где я могу оплатить и получить авиабилеты?
– В нашем офисе на улице Петровка, дом 20.
– _____. Принимаете ли вы кредитные карты?
– Да, конечно. Мы принимаем и кредитные карты, и наличные.
– Спасибо. До свидания!
– До свидания! _____!

11. Забронируйте номер через Интернет.

Ситуация: Вы с другом / с подругой едете в Петербург на три дня (пятница, суббота и воскресенье). Вы ещё не были в Санкт-Петербурге и не знаете, как попасть в отель из аэропорта. Вы прилетаете в четверг в 23 часа. Вы и ваш друг / ваша подруга не курите.

Ф.И.О. _____

Номер

☐ стандартный   ☐ одноместный
☐ апартаменты   ☐ двухместный
☐ люкс
☐ номер для некурящих   ☐ большая кровать
                          ☐ две кровати

Дата и время приезда _____
Дата и время отъезда _____

Оплата

☐ кредитной картой
☐ наличными

Дата заполнения _____

Дополнительная информация

☐ ранняя регистрация
☐ поздняя регистрация
☐ трансфер из аэропорта

Введите номер рейса и время прилёта:
_____

Дополнительные примечания:
_____

2. а) **Восстановите диалоги, вставив глаголы** *прийти*, *приехать* **или** *прилететь* **в правильной форме.**

1) – Госпожа Керн, откуда вы?
   – Я _____ из Германии.
2) – Алло! Здравствуйте! Это Вайнбауэр говорит.
   – Добрый день, господин Вайнбауэр! Вы уже _____?
   – Да, _____. Я в аэропорту «Домодедово». Жду аэроэкспресс.
3) – Директор уже вернулся с совещания?
   – Да, он _____ 5 минут назад.
4) – Ирина, мы встречаем группу туристов из Финляндии. Когда нам надо быть в аэропорту?
   – Они _____ завтра в 12.00.
5) – Финансовый директор тоже будет сегодня на совещании?
   – Он обязательно _____. Сегодня мы будем планировать бюджет.

б) **Восстановите диалоги, вставив глаголы** *уйти*, *уехать* **или** *улететь* **в правильной форме.**

1) – Могу я поговорить с главным менеджером?
   – К сожалению, нет. Татьяна Андреевна уже _____.
   – А Михаил Сергеевич ещё на месте?
   – Нет, все менеджеры уже _____.
2) – Где гость из 102 номера? Он забыл рюкзак.
   – Он уже _____ на такси. У него через час самолёт.
3) – Я хочу забронировать номер на одну ночь. Я _____ завтра утром.
   – А можно уточнить, во сколько вы _____?
4) – Во сколько ты завтра _____ с работы?
   – Я _____ в 7, как обычно. А почему ты спрашиваешь?
   – Хочу пригласить тебя в кино.
5) – Алло! Можно Евгения Александровича?
   – Он вчера вечером _____ в Лондон. Будет в офисе через неделю.

13. **Замените следующие предложения антонимичными.**

Образец:
Саша пришёл из школы.
↳ *Саша ушёл в школу.*

1) Генеральный директор пришёл с совещания.

2) Себастьян приехал в гостиницу поздно вечером.

3) Мать рано пришла с работы.

4) Татьяна Андреевна уехала на выставку.

5) Мы с друзьями приехали на озеро.

6) Проект-менеджер ушёл из офиса после совещания.

7) Деловые партнёры приехали на переговоры.

8) Наш секретарь уехал в российское консульство.

4. Добро пожаловать в нашу гостиницу!

14. Вставьте подходящий глагол в правильной форме.

прилететь ≠ улететь

1) – Алло, здравствуйте! Я хотел бы поговорить с Ириной Олеговной.
   – К сожалению, её нет. Она _____ в командировку.
2) – Наши гости уже в аэропорту? Они _____ в Вену?
   – Нет, они ещё в Кёльне, их рейс задержали.

прийти ≠ уйти

3) – Скажите, пожалуйста, директор уже в кабинете? Он уже _____ с совещания?
   – Да, он уже у себя.
4) – Извините, вы не знаете, где кассир?
   – Инна Николаевна _____ в банк. Будет только после обеда.

принести ≠ унести

5) – Где наши рекламные проспекты?
   – Ассистент уже _____ их в конференц-зал.
6) – Нашим гостям предложили напитки?
   – Да, Ольга уже _____ им кофе и минеральную воду.

привезти ≠ увезти

7) – Вы получили весь товар?
   – Да, сегодня нам _____ последнюю партию.
8) – Где образцы товаров?
   – Они уже на выставке. Наш шофёр утром _____ их.

15. Что вы скажете в этих ситуациях?

Образец:
Вы хотите позвонить.
Мне нужен телефон.

1) Вы хотите послать электронное письмо.

2) Вы хотите обменять евро на рубли.

3) Вы устали и не хотите идти в ресторан пешком.

4) Вы заболели.

5) Вы хотите послать друзьям открытки.

6) Вы хотите выпить кофе и немного отдохнуть.

7) Вы хотите получить информацию об Эрмитаже на родном языке.

16. Ответьте на вопросы по образцу.

Образец:
– Что нужно, чтобы найти хорошую работу? (высокая квалификация)
– *Чтобы найти хорошую работу, нужна высокая квалификация.*

1) – Что нужно, чтобы поехать в Россию? (виза)

2) – Что нужно, чтобы купить билеты через Интернет? (кредитная карта)

3) – Что нужно, чтобы зарегистрироваться в гостинице? (паспорт)

4) – Что нужно, чтобы учиться в России? (сертификат по русскому языку, уровень B1)

5) – Что нужно, чтобы одновременно учиться в университете и работать? (самодисциплина)

6) – Что нужно, чтобы получить место менеджера в вашей фирме? (лидерский потенциал)

17. Напишите диалоги по образцу.

Образец 1: можно или нет оплатить номер кредиткой – мы принимаем только наличные

Гость: *Я звоню, чтобы спросить, можно ли оплатить номер кредиткой.*
Администратор: *К сожалению, нет. Мы принимаем только наличные.*

1) возможно или невозможно поужинать в отеле – мы предлагаем только завтраки

2) есть или нет в гостинице тренажёрный зал – есть только сауна

3) можно курить в номере или нет – все наши номера для некурящих

4) есть или нет рядом с вашей гостиницей станция метро – вам надо ехать на автобусе

5) можно или нет освободить номер не в 12 часов, а позже – вам надо освободить номер ровно в 12 часов

Образец 2: где заплатить за Интернет – Интернет для наших гостей бесплатный

Гость: *Я хотел(а) бы уточнить, где я могу заплатить за Интернет.*
Администратор: *Разве вы не знаете, что Интернет для наших гостей бесплатный?*

4. Добро пожаловать в нашу гостиницу!

1) где заказать экскурсию – заказ экскурсий входит в наши услуги

2) как попасть в аэропорт – мы предлагаем услугу трансфера

3) где заплатить за сауну – посещение сауны для наших гостей бесплатное

4) почему Интернет не работает – у нас технические проблемы

5) почему нет горячей воды – в отеле сейчас плановые ремонтные работы

18. а) Дополните текст электронного письма, вставив подходящие глаголы в правильной форме.

предпочитать • уточнить • экономить
остановиться • тратить • предлагать

Здравствуй, Матиас!
Как ты уже знаешь, я в конце месяца приеду в Мюнхен в командировку. Мне нужна твоя помощь. Дело в том, что наши деловые партнёры из Мюнхена _____ мне забронировать номер в большом и очень дорогом отеле. Но, как ты знаешь, я _____ маленькие тихие гостиницы. Кроме того, наша фирма теперь _____ на командировках. Посоветуй мне, где лучше _____. Я не хочу _____ много времени на транспорт. Идеальный вариант – дешёвая гостиница или пансион рядом с метро или с офисом фирмы, где я буду работать. Это в районе Олимпийского стадиона. Сроки командировки я ещё _____ и обязательно позвоню тебе.
Заранее благодарю за помощь!
Евгений

б) Ответьте на электронное письмо от имени Матиаса.

9. а) Вы работаете в гостинице. Ответьте на жалобы клиентов.

Образец:
– В моём номере не работает телефон. Хочу узнать, в чём дело.
– *Дело в том, что в этом номере проблемы с аппаратом.*

1) – В моём номере нет горячей воды. Хочу узнать, в чём дело.
– _____

2) – В моём номере нет ни горячей, ни холодной воды. Хочу узнать, в чём дело.
– _____

3) – В моём номере нет света. Хочу узнать, в чём дело.
– _____

4) – В моём номере не работает Интернет. Хочу узнать, в чём дело.
– _____

5) – В моём номере не работает холодильник. Хочу узнать, в чём дело.
– _____

б) Напишите диалоги по образцу.

Образец: номер очень маленький
– *Я хочу поменять номер.*
– *А могу я узнать, в чём дело.*
– *Дело в том, что мой номер очень маленький.*

1) номер рядом с лифтом

2) окна выходят на шумную улицу

3) в номере не работает душ

4) в номере старая сантехника

5) в номере курили

6) в номере ужасный вид из окна

4. Добро пожаловать в нашу гостиницу!

20. а) Прочитайте статью и дайте ей название.

4 ноября в Уфе прошла презентация нового четырёхзвёздочного отеля Holiday Inn. Отель расположен в культурно-историческом центре города недалеко от Гостиного двора на Верхнеторговой площади. Гостиница предлагает гостям 193 номера различных категорий: стандарт, улучшенный, люкс и президентский люкс. В инфраструктуру отеля входят 5 конференц-залов, комната для переговоров, лобби, ресторан, фитнес-зал, подземный и наземный паркинги.

Отель Holiday Inn Ufa – современный отель с уютной атмосферой. Уфимский Holiday Inn является первым отелем в России, в котором реализована концепция Open Lobby. Open Lobby значит открытое пространство, которое может быть одновременно баром, рестораном, офисом со скоростным интернетом и компьютерами, а также игровой зоной.

Категория четыре звезды говорит о том, что во всех номерах гостиницы есть кондиционер, мини-бар или холодильник, сейф, спутниковое телевидение и бесплатный Wi-Fi. Гости отеля также имеют возможность заказать блюда и напитки в номер. В отеле работает сувенирный магазин и тренажёрный зал, есть услуга трансфера.

Администрация Уфы проводит постоянную большую работу по формированию нового современного имиджа столицы. Тот факт, что в город пришла одна из самых известных отельных компаний мира, значит, что Республика Башкортостан и её столица динамично развиваются.

Не может не радовать тот факт, что гости, которые останавливались в Holiday Inn в дни международных саммитов, были очень довольны и дали отелю самую высокую оценку.

б) Продолжите предложения.

1) В столице Республики Башкортостан был открыт _____

2) Отель находится в _____

3) Гости могут остановиться в номерах следующих категорий: _____

4) Кроме комнаты для переговоров, ресторана и фитнес-зала в инфраструктуру гостиницы входят _____

5) Open Lobby – это просторный холл, в котором могут находиться _____

6) Как во всех четырёхзвёздочных гостиницах, в каждом номере Holiday Inn Ufa _____

7) Отель предлагает такие дополнительные услуги, как _____

8) Гости из разных стран _____

5. Проверим себя

Как мы знаем лексику и грамматику

1. **Выберите правильный вариант.**

   Дорогая Лена!
   Как ты уже знаешь, этим летом мы с Феликсом (1) _____ в Россию. Мы уже составили подробный план поездки. 1-ого июля мы (2) _____ в аэропорт Домодедово в 16:30. Ты сможешь нас встретить? Если нет, то это не проблема. Мы (3) _____ до города на аэроэкспрессе. В Москве мы будем только два дня, 3-его вечером (4) _____ в Петербург на поезде. Оттуда сразу в Карелию, наши друзья (5) _____ нас на машине прямо на турбазу. Будем там отдыхать всю неделю: (6) _____ в походы, кататься на велосипедах, купаться в озере. 12-ого (7) _____ с турбазы в Петербург на автобусе, там планируем остановиться на три дня. (8) _____ в театр на балет, обязательно поедем в Петергоф. В Вену (9) _____ из Петербурга 15-ого июля.
   Как тебе наш план? Грандиозный, правда? Я знаю, что твоя давняя мечта – путешествие в Карелию. Мы будем очень рады, если вы с Павлом присоединитесь к нам.
   Обнимаю
   Твоя Изабелла

   1) а) поедем
      б) повезём
      в) понесём

   2) а) приедем
      б) прилетим
      в) придём

   3) а) приедем
      б) уедем
      в) доедем

   4) а) уедем
      б) улетим
      в) унесём

   5) а) принесут
      б) привезут
      в) приедут

   6) а) ездить
      б) летать
      в) ходить

   7) а) уедем
      б) улетим
      в) уйдём

   8) а) Придём
      б) Дойдём
      в) Пойдём

   9) а) уедем
      б) уйдём
      в) улетим

2. **Выберите правильную форму.**

   1) Вот мой блокнот! Я давно ищу _____ .
      а) его   б) её   в) их

   2) _____ надо позвонить в бухгалтерию.
      а) Я   б) Мне   в) Меня

   3) Мы приедем _____ на дачу в субботу утром.
      а) вам   б) к вам   в) у вас

   4) Лена, как ты? Я весь день думаю _____ .
      а) за тебя   б) о тебе   в) с тобой

   5) Где ваши дети? Мы купили _____ мороженое.
      а) им   б) с ними   в) ими

   6) Ивана Викторовича нет на месте. Что _____ передать?
      а) его   б) ему   в) нему

   7) Я хочу попросить _____ помочь мне.
      а) вас   б) вам   в) у вас

5. Проверим себя

8) Надо купить подарок маме. Что же _____ подарить?
   а) её   б) ей   в) ней

9) Ирина Петровна на месте? Соедините меня _____ .
   а) ей   б) к ней   в) с ней

10) Я не могу вас соединить с Ириной Петровной. _____ сейчас нет на месте.
   а) ей   б) её   в) она

11) Где секретарь? Я хочу уточнить _____ эту информацию.
   а) у него   б) его   в) к нему

12) Это очень важный клиент. Какой эксклюзивный тур _____ предложить?
   а) его   б) ему   в) нему

13) Маша и Олег заболели, поэтому _____ не будет на лекции.
   а) им   б) их   в) ими

14) Твоя флешка у меня. Я нашёл _____ на столе в аудитории.
   а) его   б) её   в) их

15) Я приду _____ завтра вечером, будем вместе заниматься.
   а) тебя   б) к тебе   в) у тебя

3. Ответьте на вопросы, используя информацию в скобках.

1) – Сколько этажей в этом здании? (5, этаж)
 – _____

2) – Сколько международных аэропортов в Москве? (3, аэропорт)
 – _____

3) – Сколько страниц в этой книге? (192, страница)
 – _____

4) – Сколько стоит номер в гостинице? (3452, рубль)
 – _____

5) – Сколько времени вы изучаете русский язык? (2, год)
 – _____

6) – Сколько языков вы знаете? (4, язык)
 – _____

4. Дополните диалоги.

1) В ресторане
Официант: Что вы будете на первое? Куриный суп или борщ?
Гости: Мы будем борщ.
Официант: Итак, три _____ (борщ).

2) На почте
Покупатель: У вас есть открытки «С Новым годом»?
Продавец: Есть, вот они.
Покупатель: Очень красивые! Дайте, пожалуйста, 5 _____ (открытка), 5 _____ (конверт) и 10 _____ (марка).
Продавец: С вас 768 _____ (рубль).

3) В автобусе
Первый пассажир: Вы не скажете, скоро будет остановка «Университет»?
Второй пассажир: Через две _____ (остановка).

4) Разговор по телефону
Секретарь: Компания «Дверь-сервис». Чем могу вам помочь?
Менеджер: Мы хотим заказать у вас двери, нас интересуют ваши цены.
Секретарь: Средняя цена наших дверей примерно 30 _____ (тысяча).

5. Вставьте глагол нужного вида в правильной форме.

1) покупать – купить
Обычно мы _____ продукты в этом маленьком магазине. Вчера я _____ продукты в новом гипермаркете.

2) продавать – продать
В прошлом году наша фирма _____ товаров и услуг на три миллиона долларов.

3) помогать – помочь
Мой коллега всегда _____ мне. Вчера он _____ мне написать бизнес-план.

4) передавать – передать
Я сразу же _____ директору эту важную информацию.

5) смотреть – посмотреть
Вчера весь вечер мы _____ телевизор.
Вы уже _____ новый фильм, который получил приз на кинофестивале?

6) сдавать – сдать
Недорого _____ студентам отличную трёхкомнатную квартиру рядом с метро.

7) давать – дать
Отец всегда _____ мне хорошие советы.

Как мы умеем понимать прочитанное

6. а) Прочитайте информацию о московских аэропортах и ответьте на вопросы.

▸ Какой аэропорт Москвы самый старый?
▸ Какой аэропорт самый большой в России?
▸ Какой аэропорт базовый порт авиакомпании «Аэрофлот»?

АЭРОПОРТЫ МОСКВЫ

В 2005 году аэропорт **Домодедово** был полностью реконструирован и теперь это самый крупный международный аэропорт России. В аэропорту работает более чем 15 тысяч человек. Между Москвой и аэропортом курсируют поезда-экспрессы. Время в пути – только 40 минут! Домодедово – базовый аэропорт в России для авиакомпаний-членов двух самых больших мировых авиационных альянсов – «Star Alliance» и «Oneworld».

5. Проверим себя

Второй международный аэропорт, который обслуживает Москву, – **Шереметьево**. Это базовый порт российской национальной авиакомпании «Аэрофлот – Российские Авиалинии» и альянса «SkyTeam». От Белорусского вокзала, который находится в центре Москвы, до Шереметьевского аэропорта регулярно ходят электропоезда «Аэроэкспресс». В Шереметьево действует 6 пассажирских терминалов. Работает грузовой авиационный комплекс Шереметьево-Карго. В 2015 году Международный аэропорт Шереметьево стал лауреатом бизнес-премии «Компания года» в номинации «Транспорт, логистика».

Аэропорт **Внуково** был первым международным аэропортом Москвы. Его начали строить в 1937 году, а эксплуатация началась – в июле 1941 года. Сегодня этот аэропорт используется для чартерных, корпоративных и регулярных рейсов. До аэропорта можно доехать всего за 35 минут на аэроэкспрессе от станции метро «Киевская».
Терминал Внуково-2 обслуживает администрацию Президента и Правительство Российской Федерации, а также руководителей зарубежных стран. Президент США Барак Обама был первым важным иностранным гостем, который в июле 2009 года прилетел во Внуково. От Внуково-2 до Кремля его кортеж доехал за 15 минут. Средняя скорость автомобиля президента была почти 130 километров в час.

6) Продолжите предложения.

1) Аэропорт Домодедово даёт работу _____.
2) Шесть терминалов и грузовой комплекс _____.
3) Аэропорт Внуково начал работать ещё _____.
4) Правительство России обслуживает _____.
5) От Внуково-2 до Кремля _____.
6) Из Москвы до любого аэропорта столицы можно доехать _____.

в) Вы летите в Москву. Ваш русский друг / ваша русская подруга хочет встретить вас в аэропорту. Напишите ему / ей сообщение о том, какого числа, во сколько и в какой аэропорт вы прилетите.

7. Познакомьтесь с информацией, которую поместила на главной странице сайта турфирма «Фортуна». Какие туры вы посоветуете вашим знакомым, которые собираются поехать в Петербург? Заполните таблицу.

Туристическая компания «Фортуна» уже много лет специализируется на приёме российских и иностранных туристов в Санкт-Петербурге и Северо-Западном регионе России. Мы сделаем ваше знакомство с городом на Неве и его пригородами комфортным и интересным. Туроператор «Фортуна» организует групповые поездки, индивидуальные туры, речные и морские круизы.
Мы предлагаем выгодные цены и прекрасный сервис. Наши высококвалифицированные гиды и увлекательные тематические экскурсии помогут Вам получить незабываемые впечатления от поездок в Санкт-Петербург и его пригороды. Любые Ваши желания и мечты мы поможем Вам реализовать с минимальными затратами.

ЭКСКУРСИИ ПО ГОРОДУ:

▸ «Город Петра» – обзорная автобусная экскурсия с посещением Петропавловской крепости и Петропавловского собора
▸ «Северная Венеция» – экскурсия по рекам и каналам Санкт-Петербурга
▸ «Мистический Петербург» – экскурсия по легендарным местам Петербурга
▸ «Пушкин в Петербурге» – автобусная экскурсия с посещением музея-квартиры А.С. Пушкина
▸ «Петербург Достоевского» – экскурсия по местам, где жили герои романов Ф.М. Достоевского
▸ «Шедевры Северной столицы» – экскурсия по залам Эрмитажа
▸ «Петровский парадиз» – автобусная экскурсия с осмотром Большого Императорского дворца в Петергофе

ПУТЕШЕСТВИЯ С ТУРФИРМОЙ «ФОРТУНА» ПРИНОСЯТ СЧАСТЬЕ!

ваши знакомые	экскурсия	почему?
Хайке Ланг, любит русскую классическую литературу		
Патрик Рот приедет в Петербург с детьми, им 11 и 14 лет		
Моника Шикер увлекается западноевропейским искусством		
Михаэль Вебер изучает русский язык и готовит презентацию об основании Петербурга		

Как мы умеем писать по-русски

8. Ответьте на мейлы.

а) Привет, Маркус!
Как твои дела? Как ты себя чувствуешь? Уже лучше? Мы в субботу решили поехать на дачу и хотим пригласить тебя. Если ты поедешь не на машине, а на поезде, то мы встретим тебя на вокзале. Сообщи точное время, когда приедешь.
До субботы!
Наташа и Михаил

5. Проверим себя

б) Дорогая Хайке!
Сегодня узнала, что через 2 дня, 17-ого, полечу в командировку в Кёльн. Как только прилечу, позвоню Вам. Может быть, встретимся 18-ого вечером? Если, конечно, у Вас будет время.
Целую
Маша

9. а) Ситуация: вы – менеджер российского филиала германской фирмы. Сегодня вас весь день не будет в офисе. Напишите мейл вашему ассистенту с просьбой выполнить следующие задания:

- позвонить в фирму «Уни-люкс» и узнать, отправили они вам товар или нет;
- позвонить в центральный офис в Германию и уточнить дату приезда делегации;
- передать секретарю директора документы на подпись;
- позвонить главному инженеру и спросить, осмотрел он новый строительный объект или нет.

б) Ситуация: вы работаете в российском филиале «Швейцарского дома путешествий». В Швейцарии вы посетили отель, который недавно открылся и, по вашему мнению, может заинтересовать российских клиентов. Напишите мейл коллегам в России о том, какие преимущества у этого отеля. Этот план вам поможет:

- Где расположен отель?
- Какой он категории?
- Какие услуги предлагает?
- Каким спортом могут заниматься гости отеля?
- Какие другие возможности для проведения свободного времени предлагаются гостям?

Как мы умеем говорить по-русски

10. Прочитайте описание ситуаций и подготовьте диалоги.

Ситуация 1. Ваши друзья из России хотят провести отпуск за границей. Посоветуйте им, куда, по вашему мнению, лучше поехать отдыхать зимой или летом. Расскажите о преимуществах отдыха в этом регионе.

Ситуация 2. Вы отвечаете за приём российской делегации. Позвоните российским партнёрам, чтобы уточнить
- получили ли они визы;
- во сколько они прилетят;
- надо ли их встретить в аэропорту;
- забронировали ли они номера в отеле.

Сообщите, какую культурную программу вы планируете и спросите, что гости хотели бы ещё посмотреть в вашем городе.

Ситуация 3. Вы собираетесь открыть фирму в одном из российских городов. Вам нужно найти помещение под офис:
- площадью примерно 100 квадратных метров;
- в центре или недалеко от центра;
- с гаражом или с парковкой рядом со зданием, где будет находится офис.

Позвоните в риелтерскую фирму и попросите найти подходящий вам вариант.

6. Мой путь к успеху

1. а) Что ответят эти люди на вопрос «Когда вы родились»?

Образец:
Лена, 15 лет.
Я родилась в две тысячи ...ом году.

1) Игорь, 23 года.

2) Светлана Борисовна, 52 года.

3) Аня, 12 лет.

4) Вера, 28 лет.

5) Валерий Петрович, 49 лет.

6) Макс, 19 лет.

б) Напишите, в каком году родились Марина, её братья и сёстры.

Вот, что рассказала Марина: У меня два брата и две сестры. Мне 21 год, старший брат на два года старше меня, младший – на 3 года младше меня. Моя младшая сестра на 5 лет младше меня. А нашей старшей сестре 27 лет.

2. Вставьте глаголы *начать, кончить, продолжить* **в форме прошедшего времени.**

1) В прошлом году, когда я _____ сдавать экзамены в школе, я _____ готовиться к вступительным экзаменам в университет. Когда я _____ учиться в университете, я хотел помогать отцу и _____ работать в его фирме. Когда я _____ учиться в университете, я _____ работать в крупном банке.

2) Когда я _____ сдавать бакалаврские экзамены, я _____ повторять материал к вступительным экзаменам в магистратуру. В магистратуре я _____ заниматься Интернет-маркетингом и _____ заниматься этой темой в рекламном агентстве, где работаю в настоящее время.

3) Когда я поступила в университет, я _____ изучать русский язык. Когда я _____ учиться в бакалавриате, я владела русским языком на уровне А2. В магистратуре я _____ заниматься русским языком и сейчас готовлюсь к сертификационному экзамену по русскому языку уровня В1.

3. а) Соедините.

начал(а) учиться в школе	поступил(а) в университет
кончил(а) школу / гимназию	получил(а) опыт работы
сдал(а) вступительные экзамены	получил(а) диплом бакалавра
начал(а) учиться в университете	стал(а) студентом / студенткой
проходил(а) практику в фирме	получил(а) аттестат зрелости
написал(а) дипломную работу	пошёл (пошла) в школу

6. Мой путь к успеху

б) Вы готовитесь к интервью с российским работодателем. Запишите самые важные факты вашей биографии, используя фразы из пункта а).

4. **а)** Напишите диалоги по образцу.

> **Образец:** Кирилл: начать искать работу – кончить учиться
>
> – *Кирилл, когда ты начнёшь искать работу?*
> – *Когда кончу учиться.*

1) Володя: стать серьёзным – начать работать

2) Олег Викторович: стать профессором – кончить писать диссертацию

3) Ирина: стать старшим бухгалтером – закончить курсы повышения квалификации

4) Антон: продолжить заниматься спортом – кончить важный проект на работе

5) Катя: начать работать по специальности – получить диплом магистра

6) Михаэль: начать проходить практику – найти подходящее место

7) Валерий Петрович: продолжить лекцию – кончить отвечать на вопросы

б) Напишите, какие у вас планы, используя глаголы *начать*, *кончить*, *продолжить* **в будущем времени**.

5. **Напишите о том,**

- кем были ваши дедушка и бабушка;
- кем работают ваши родители;
- кем хотели стать и кем стали ваш брат / ваша сестра;
- кем хотите стать / кем стали вы.

Например, так: Мой дедушка был инженером, поэтому и папа тоже стал инженером. Моя бабушка была домохозяйкой, а мама не хотела быть домохозяйкой, поэтому она окончила университет и работает бухгалтером. Мой старший брат мечтал быть космонавтом, поэтому он учится в авиационном университете. Моя младшая сестра работает медсестрой и мечтает стать врачом. Я учусь в экономическом университете и надеюсь стать успешным менеджером.

6. **Напишите предложения по образцу.**

первый человек полетел в космос	14.07.1789 г.
была разрушена берлинская стена	12.04.1961 г.
человек впервые ступил на поверхность Луны	12.10.1492 г.
началась Вторая мировая война	01.09.1939 г.
произошли теракты в Нью-Йорке	09.11.1989 г.
началась Великая французская революция	11.09.2001 г.
Колумб открыл Америку	21.07.1969 г.

Образец: Двадцать первого июля 1969-ого года человек впервые ступил на поверхность Луны.

1)
2)
3)
4)
5)
6)

7. **Напишите, о чём говорили эти люди.**

Образец:
— Ирина Владимировна, нам пора идти. Я боюсь опоздать на поезд.
— Господин Хенц, у нас ещё много времени, ведь мы доедем до вокзала за 20 минут.

Господин Хенц сказал Ирине Владимировне, что им пора идти, потому что он боится опоздать на поезд. Ирина Владимировна ответила, что у них ещё много времени, ведь они доедут до вокзала за 20 минут.

1) — Настя, очень прошу тебя заполнить анкету вместе со мной, потому что я боюсь сделать много ошибок.
— Клара, не надо бояться! Ведь ты очень хорошо умеешь печатать по-русски на компьютере!
Клара попросила Настю

6. Мой путь к успеху

2) – Алло, Верена, ты можешь поговорить со мной? У тебя сейчас есть время?
– Нет, Даша, извини, не могу. Я собираюсь на важную встречу и очень спешу.
Даша спросила Верену _____

3) – Антон, я собираюсь в Россию, мне пора оформлять визу, но я не знаю, с чего начать.
– Ютта, я вам помогу. Мы за час всё подготовим.
Ютта сказала Антону, _____

4) – Олег, я так волнуюсь, у меня через 2 часа экзамен по русскому языку! Мне кажется, что я всё забыл.
– Алекс, не надо волноваться. Ведь ты всё прекрасно знаешь и всё помнишь.
Алекс сказал Олегу, _____

8. а) Напишите диалоги по образцу.

Образец: Саша – поезд

– Саша, куда ты спешишь?
– Я опаздываю на поезд!
– Не спеши! Ты успеешь! У тебя ещё много времени.

1) Дмитрий Павлович – совещание

2) Татьяна Андреевна – встреча

3) Настя и Клара – спектакль

4) Макс – футбольный матч

5) Оля – планёрка

6) Скажите вашим знакомым, что они всё сделают вовремя.

Образец:

Маша: Сейчас 18:30, в семь ко мне придут гости. А я ещё хотела приготовить салат!
– *Не волнуйся, Маша, за полчаса ты успеешь приготовить салат.*

1) Ирина: Я ещё не написала курсовую работу, а срок сдачи через месяц.

2) Дмитрий, менеджер по продажам: Сегодня 15 сентября, а я ещё не подготовил отчёт. Он должен быть готов в конце месяца.

3) Наталья Антоновна: Ой! Супермаркет закроется через 20 минут, а мне надо ещё купить хлеб.

4) Светлана, менеджер по персоналу: Мне надо провести 3 собеседования, а до конца рабочего дня осталось 2 часа.

5) Игорь: До начала лекции осталось 10 минут, а я хотел ещё сделать копии.

9. Вы хотите пройти практику в российской фирме. Заполните анкету.

АНКЕТА-ЗАЯВКА НА ПРОХОЖДЕНИЕ ПРАКТИКИ

1) ФИО (полностью)* _____

2) Дата рождения* _____

3) Место рождения* _____

4) Пол* _____

5) Гражданство* _____

6) Номер паспорта* _____
паспорт выдан* _____
действителен до* _____

7) Семейное положение (нужное подчеркнуть):
женат / не женат   замужем / не замужем   Дети: есть / нет

8) Место учёбы* _____   Факультет* _____
Курс* _____ (подчеркните: бакалавриат или магистратура)

9) Сроки прохождения практики* _____

10) Контактные данные (моб. телефон, e-mail)* _____

Дата заполнения анкеты: _____

* Поля, обязательные для заполнения

10. а) Дайте задания вашим ассистентам.

Образец: написать отчёт
– *Напишите отчёт!*

1) включить проектор

2) выключить радио

3) договориться о встрече с директором

6. Мой путь к успеху

4) проверить данные клиентов

5) сохранить данные новых клиентов

6) организовать встречу делегации в аэропорту

7) составить протокол совещания

8) отправить каталоги постоянным покупателям

б) Что вы скажете в этих ситуациях? Используйте следующие глаголы.

> подготовить · волноваться · найти · отправить
> не бояться · проверить · посоветовать · не спешить

Образец:

Ваш друг прочитал объявление об интересной вакансии в фирме «Страбаг».
– *Отправь своё резюме в фирму «Страбаг»!*

1) Ваш знакомый боится, что не сдаст экзамен.

2) Ваша подруга волнуется, потому что завтра у неё собеседование.

3) Ваш коллега всё время спешит и поэтому делает ошибки.

4) Вы не знаете, в какой клуб лучше пойти в Москве. Ваш друг Иван хорошо знает ночную жизнь столицы.

5) Ваша младшая сестра недовольна своим местом работы.

6) Вы написали резюме по-русски и не уверены, что всё сделали правильно. Ваша русская подруга готова вам помочь.

7) У вас завтра переговоры с российскими партнёрами. Ваш ассистент отвечает за подготовку документов.

11. а) Предложите вашим русским друзьям сделать эти дела вместе.

Образец:

Софии надо заполнить анкету на немецком языке, чтобы получить визу.
– *Давай заполним анкету вместе!*

1) Ирине Викторовне надо купить на рынке продукты и принести их домой.

2) У Маши болит зуб, но она очень боится идти к зубному врачу.

3) Валентине надо написать по-немецки письмо австрийским партнёрам, но она волнуется и боится сделать ошибку.

4) Олегу надо подготовить и отправить документы для поступления в австрийский университет.

5) Александру Владимировичу надо перевезти мебель в новый офис.

6) **Вы были на конференции студентов-экономистов. Что вы скажете в конце семинара вашим коллегам?**

Образец: регулярно встречаться
– *Давайте регулярно встречаться!*

1) регулярно писать друг другу мейлы

2) постоянно обмениваться опытом

3) всегда посылать друг другу информацию об интересных статьях

4) чаще рассказывать о новых теориях и концептах

5) регулярно обсуждать актуальные проблемы экономики

12. Напишите предложения по образцу.

Образец:
Министр культуры – открывать(ся) – фестиваль – завтра – в 17:00.
Министр культуры открывает фестиваль завтра в 17:00.
Фестиваль открывается завтра в 17:00.

1) преподаватель – начинать(ся) – занятие – в четверг – в 9:00

2) главный менеджер – закрывать(ся) – конференция – сегодня – в 16:30

3) делегация – кончать(ся) – переговоры – завтра – в 15:30

4) продавец – открывать(ся) – магазин – в рабочие дни – в 8:00

5) аудитор – продолжать(ся) – ревизия – в понедельник – в 9:30

6) парикмахер – закрывать(ся) – салон – в пятницу – 21:00

6. Мой путь к успеху

13. Напишите рассказ о карьере одного из ваших знакомых / одной из ваших знакомых, используя следующие фразы.

▸ окончить университет
▸ начать собственный бизнес
▸ открыть частное предприятие
▸ уверен(-а,-ы) в себе
▸ рабочий день начинался / продолжался / кончался
▸ всё изменилось, когда…
▸ новые возможности открылись
▸ получить большой заказ, премию, приглашение к сотрудничеству

14. а) Что подходит?

> коммуникабельный · надёжный
> серьёзный · энергичный · честный
> целеустремлённый · несмелый

1) Человек, который всегда приходит на помощь, _____

2) Человек, который всего боится, _____

3) Человек, который всегда говорит правду, _____

4) Человек, который легко вступает в коммуникацию, _____

5) Человек, который всегда стремится к своей цели, _____

6) Человек, который всё делает быстро и энергично, _____

7) Человек, который серьёзно думает о жизни, _____

б) Сделайте комплимент вашему знакомому или знакомой.

Образец:
По вашему мнению, ваш коллега трудолюбивый человек, он работает даже в выходные дни.
– *Я удивляюсь тому, какой ты трудолюбивый, ты работаешь даже в выходные дни!*

1) Вам кажется, что ваш новый знакомый энергичный, потому что он всё делает быстро и хорошо.

_____

2) Вы уверены, что ваша знакомая – надёжный человек, потому что она всю работу делает в срок и всегда готова помочь.

_____

3) Вы считаете, что ваш друг целеустремлённый, потому что он всегда продолжает идти вперёд к своей цели.

_____

4) Вам кажется, что ваша подруга – умная девушка, потому что она думает логично и умеет анализировать факты.

_____

15. Напишите, о чём говорили эти люди.

Образец:

Директор: Купите, пожалуйста, сувениры для наших гостей.
Ассистент: Завтра же всё куплю.

Директор хочет, чтобы ассистент купил сувениры для их гостей. Ассистент завтра же всё купит.

1) **Преподаватель:** Передайте домашнее задание всем, кого сегодня нет на занятии.
   Студент: Обязательно передам.

2) **Дедушка:** Володя, завтра 8 марта. Купи цветы бабушке и маме.
   Володя: Хорошо, куплю.

3) **Секретарь:** Позвоните в ресторан и закажите на вечер столик для наших гостей.
   Практикант: Сейчас же позвоню и закажу.

4) **Менеджер по персоналу:** Передайте, пожалуйста, коллегам, что завтра планёрки не будет.
   Секретарь: Обязательно передам.

5) **Секретарь-референт:** Возьмите, пожалуйста, в консульстве анкеты для оформления виз.
   Ассистент секретаря: Хорошо, возьму.

6) **Старший бухгалтер:** Проверьте, пожалуйста, данные о заработной плате.
   Младший бухгалтер: Завтра же проверю.

16. Дополните текст статьи, используя следующие слова и фразы.

изменили его жизнь	была реализована
получить опыт работы	уверен в успехе
попробовать себя в бизнесе	занялся новым проектом
продолжил учёбу	работал ассистентом
стать физиком	оборот компании составил
не принёс прибыли	добился своей цели
общался с талантливыми бизнесменами	

Максим Фалдин родился в семье молодых учёных-физиков в 1977 году. Мечтал, как и его родители, _____. Поступив на физический факультет и проучившись в университете 2 года, Максим понял, что физика его не интересует. Через полгода он _____, только теперь на экономическом факультете МГУ. Закончив бакалавриат, в магистратуре он учиться не стал, а захотел _____. Профессиональная деятельность Максима началась в страховой компании, где он _____ генерального директора. Затем был финансистом и, как он говорит сам, «человеком, отвечающим за всё» в разных компаниях. И только потом Фалдин решил _____. Первым его бизнесом стал продуктовый магазин, который _____ и

6. Мой путь к успеху

был закрыт уже через несколько месяцев. Но молодой предприниматель не потерял веру в себя и _____ – открыл спорт-бар. Хотя спорт-бар был рентабельным, Фалдин всё время мечтал о крупном бизнесе, о большом деле и за три года _____ . Таким проектом стала аудиторская фирма, которая вошла в 100 ведущих консалтинговых компаний России.

Пройдя трудный путь, молодой предприниматель решил, что надо продолжать учиться и поступил в Стэнфордскую школу бизнеса. В Стэнфорде он _____, приобрёл много новых друзей и знакомых, в том числе познакомился с будущим партнёром по бизнесу. Два года учёбы в Америке _____ .

В Стэнфорде Фалдин научился самому главному – «как построить великий бизнес». Эта идея _____ в проекте «Викимарт». Успешная интернет-компания объединила более 2000 интернет-магазинов, которые предлагали на сайте wikimart.ru около 2 млн товаров. В 2014 году _____ 250 млн долларов, а её владельцы вошли в ТОП-100 российских интернет-миллионеров.

«Викимарт» – это не конечная остановка в пути бизнесмена Максима Фалдина. Он продолжает искать новые идеи, идёт вперёд и _____ .

17. Напишите, что скажут о себе эти руководители.

Образец 1: начальник отдела маркетинга
Я руковожу отделом маркетинга.

1) начальник отдела продаж

2) начальник отдела закупок

3) начальник отдела рекламы

4) начальник отдела кадров

5) начальник отдела информационных технологий

Образец 2: директор коммерческого банка
Я руковожу коммерческим банком.

1) президент инвестиционного фонда

2) начальник экспертного отдела

3) начальник сервисного отдела

4) генеральный директор автомобильного концерна

5) директор транспортного агентства

Образец 3: директор торговой фирмы
Я руковожу торговой фирмой.

1) директор туристической компании

2) президент строительной компании

3) ректор финансовой академии

4) директор консалтинговой фирмы

5) директор языковой школы

18. Скажите, за что отвечают сотрудники, если мы знаем, как называются их должности.

Образец 1: менеджер по работе с клиентами

Менеджер по работе с клиентами отвечает за работу с клиентами.

1) менеджер по работе с персоналом

2) менеджер по работе с зарубежными клиентами

3) менеджер по работе с гостями

4) менеджер по работе с социальными сетями

Образец 2: руководитель рекламного отдела

Руководитель рекламного отдела отвечает за работу рекламного отдела.

1) руководитель транспортного отдела

2) руководитель экспортного отдела

3) руководитель финансового отдела

4) руководитель сервисного отдела

19. а) Прочитайте объявления. Напишите, какие требования предъявляются к этим специалистам.

Образец:

Торговой фирме требуется менеджер по маркетингу.
Высшее образование (экономика, маркетинг).
Опыт работы в сфере маркетинга не менее трёх лет.
Знание современных технологий маркетинга.
Составление плана маркетинга и прогноза продаж.
Проведение рекламных кампаний.
Свободное владение английским языком.

Менеджер по маркетингу должен иметь высшее образование и опыт работы в сфере маркетинга не менее трёх лет; знать современные технологии маркетинга; уметь составлять план маркетинга и прогноз продаж, проводить рекламные кампании; свободно владеть английским языком.

6. Мой путь к успеху

1) Туристическое агентство ищет начальника отдела продаж.
Высшее специальное образование.
Опыт работы в сфере туризма от 5 лет.
Знание маркетинга турпродуктов.
Умение руководить коллективом. Умение вести переговоры.
Владение немецким и английским языком на уровне С1.

2) Международная фирма приглашает на работу начальника транспортного отдела.
Высшее образование (логистика, транспорт).
Отличное знание географии Центральной Европы.
Опыт организации крупных грузоперевозок.
Умение работать и общаться в интернациональном коллективе.
Свободное владение английским языком.

3) В аудиторскую фирму требуется помощник директора.
Среднее специальное образование. Водительские права.
Знание нормативных документов и методов их оформления.
Знание правил делового общения.
Умение вести деловую корреспонденцию, работать с оргтехникой.
Владение программами Microsoft Office (Word, Excel, Outlook).

6) Напишите, какие знания и умения необходимы вам на рабочем месте.

a) Что к чему подходит? Соедините.

1) А.С. Медведева прекрасно владеет английским и немецким,

2) У неё хорошая теоретическая подготовка,

3) Проработав 5 лет в туристических фирмах,

4) Она умеет хорошо организовывать и планировать свою работу

5) Карьера для неё – важный приоритет в жизни,

6) Медведева может эффективно руководить коллективом и имеет лидерские качества:

7) На собеседовании её интересовал вопрос повышения квалификации, а это значит,

а) Медведева получила солидный опыт работы в сфере туризма.

б) потому что её первая специальность – иностранные языки.

в) она целеустремлённый и ответственный человек.

г) что она не хочет останавливаться и стремится идти дальше.

д) так как, окончив учёбу по специальности, она сразу заняла руководящую должность.

е) потому что смогла получить второе высшее образование, работая в фирме.

ж) так как она получила диплом магистра в Балтийском международном институте туризма.

б) Вы – менеджер по персоналу. Напишите отчёт о проведённом собеседовании начальнику отдела кадров, используя информацию из пункта а).

Кандидат на должность директора филиала, Анна Сергеевна Медведева, по моему мнению, отвечает всем нашим требованиям.

Я уверен(а), что она может стать директором нового филиала в Петербурге.

7. Посетите нашу выставку!

1. Напишите, как работают эти выставки.

Образец 1:

Книжная ярмарка: 1 – 7 октября
Книжная ярмарка начнёт работать первого октября, а закончит работу седьмого октября.

1) Выставка-ярмарка «Ювелирный вернисаж»: 4 – 8 января

2) Ярмарка «Дачный сезон»: 23 – 26 апреля

3) Выставка «ТрансРоссия»: 29 апреля – 4 мая

Образец 2:

Книжная ярмарка: 1 – 7 октября
Книжная ярмарка откроется первого октября, а закроется седьмого октября. Ярмарка будет работать с первого по седьмое октября.

1) Выставка собак: 14 – 17 мая

2) Выставка-ярмарка «Ваше здоровье и красота»: 15 – 20 июня

3) Выставка «Вечерняя мода и аксессуары»: 16 – 18 августа

4) Выставка-ярмарка «Бухгалтерский учёт и аудит»: 22 – 26 января

2. Найдите в Интернете информацию о том, какие выставки и ярмарки проходят сейчас в России. Подготовьте сообщение по следующему плану.

▶ Как называются выставки и в каких городах они проходят?
▶ Когда состоится открытие выставок? Сколько дней они продлятся?
▶ Какие товары и услуги предлагаются на выставках?

3. а) Перефразируйте.

Образец:

Наши гости собирались посетить какую-то выставку.
Наши гости собирались посетить выставку, но мы не знаем, какую.

1) Наши друзья в выходные ездили куда-то за город.

2) Мой коллега проходил практику где-то в России.

3) Моя коллега училась в каком-то экономическом вузе в Англии.

4) Мой младший брат весь день кому-то звонил по телефону.

5) Наши конкуренты на выставке с кем-то вели переговоры.

6) На переговорах они о чём-то договорились.

б) Дополните предложения.

Образец:
– Где ты хочешь пообедать?
– Неважно, где. *Где-нибудь*. Я очень хочу есть.

1) – Куда ты хочешь пойти сегодня вечером?
– Неважно, куда. _____. Я не хочу сидеть одна дома.
2) – Какую сумку тебе надо купить?
– Не знаю, какую конкретно. _____. Главное – большую.
3) – Когда вы хотите посетить выставку?
– Неважно, когда. _____ на этой неделе. Нам надо её обязательно осмотреть.
4) – Что мы привезём родителям из поездки?
– Неважно, что. _____ красивое.

4. а) Перефразируйте.

Образец:
Ян смотрит на Дашу, а Даша смотрит на Яна.
Они смотрят друг на друга.

1) Юля давно не видела Ванессу, а Ванесса давно не видела Юлю.

2) Себастьян звонит Борису, а Борис звонит Себастьяну.

3) В последнее время я ничего не слышал о господине Хане, а он ничего не слышал обо мне.

4) Маркус проводит свободное время с Аней, а Аня проводит свободное время с Маркусом.

5) Я всегда поздравляю подругу с праздниками, а она всегда поздравляет меня.

6) Сергей всегда приглашает на день рождения Михаэля, а Михаэль всегда приглашает Сергея.

7) Я думаю о тебе, а ты думаешь обо мне.

8) Наташа не может жить без Пьера. Пьер не может жить без Наташи.

9) Я не разговариваю с Ольгой. Ольга не разговаривает со мной.

7. Посетите нашу выставку!

б) **Подготовьте рассказ о вашем друге / о вашей подруге, используя следующий вопросный план:**

▸ Когда началась ваша дружба?
▸ Где вы познакомились?
▸ Какие у вас общие интересы, вкусы?
▸ Какие качества характера вашего друга / вашей подруги вам особенно нравятся?
▸ Как часто вы встречаетесь? Как вы проводите время друг с другом?

5. а) **Напишите, кто куда и за чем заедет.**

Образец:

Максим едет на рынок. Ему надо купить овощи.
Максим заедет на рынок за овощами.

1) Маркус едет в книжный магазин. Ему нужен словарь.

2) Юля и Ванесса едут на ярмарку. Им нужно купить сувениры.

3) Я еду в офис. Мне нужно взять документы.

4) Ты едешь в университет? Тебе нужно получить студенческий билет?

5) Вы едете в аптеку? Вам нужно лекарство?

6) Мы едем в театральную кассу. Мы хотим купить билеты.

б) **Напишите, кто куда и за кем зайдёт.**

Образец:

Гид идёт в гостиницу. Там его ждут туристы.
Гид зайдёт в гостиницу за туристами.

1) Ольга идёт в детский сад. Там её ждёт сын.

2) Михаил идёт в отель. Там его ждёт господин Майер.

3) Мы идём в школу. Там нас ждут наши дети.

4) Ты идёшь в офис? Тебя уже ждут клиенты.

5) Я иду в поликлинику. Там меня ждёт бабушка.

6) Макс и Катарина идут в кафе. Там их ждут друзья.

6. а) **Перефразируйте.**

Образец:

детские товары – *товары для детей*

1) женская обувь – _____
2) кухонная техника – _____

3) мужская одежда –
4) садовые инструменты –
5) детские книги –
6) кухонная мебель –
7) школьные учебники –
8) семейный отдых –

б) Ответьте на вопросы от имени продавца.

> **Образец:**
> – Скажите, пожалуйста, это пластмассовые изделия?
> – *Да, эти изделия из пластмассы.*

1) – Скажите, пожалуйста, это кожаная сумка?

2) – Скажите, пожалуйста, это шерстяной свитер?

3) – Скажите, пожалуйста, это шёлковое бельё?

4) – Скажите, пожалуйста, это золотые часы?

5) – Скажите, пожалуйста, это меховой жилет?

6) – Скажите, пожалуйста, это серебряные ложки?

в) Напишите, какие товары продаются в этом магазине:

▸ для кого эти товары;
▸ из чего они сделаны.

  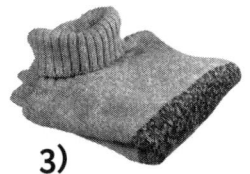  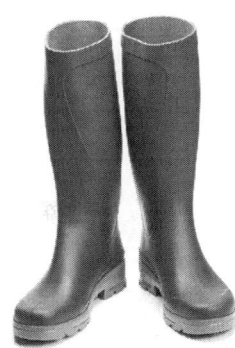
1)   2)   3)   4)   5)

7. а) Прочитайте текст рекламного объявления о выставке-продаже «Весна и мода» и напишите, в какой павильон пойдут эти посетители и что купят.

Уважаемые дамы и господа!

Мы рады приветствовать вас на выставке-продаже «Весна и мода». Прослушайте информацию о том, какие товары и где вы можете приобрести.

В павильоне номер 1 (слева от главного входа) представлен широкий ассортимент женской одежды. Здесь вы можете выбрать одежду на любой вкус: шерстяные пальто, костюмы и юбки, шёлковые блузки и платья.

В павильоне номер 2 (справа от главного входа) мы предлагаем вам коллекцию мужской одежды от отечественных и зарубежных производителей. Здесь вы найдёте костюмы, пиджаки, брюки, джинсы, рубашки для работы и отдыха.

7. Посетите нашу выставку!

В павильоне номер 3, который находится напротив главного входа, покупателям предлагается одежда для детей дошкольного и школьного возраста: куртки, спортивные костюмы, свитера, футболки, шорты и многое другое.
В павильоне номер 4, который расположен на центральной площади выставочного комплекса, вы сможете купить сумки, чемоданы, обувь, изделия из кожи, аксессуары и бижутерию. Желаем хороших покупок!

1) Александр Сергеевич, менеджер, собирается в деловую поездку.

2) Алина, мать двоих детей, собирается поехать с детьми на море.

3) София, выпускница экономического университета, собирается на собеседование при приёме на работу.

6) Найдите в тексте объявления фразы, синонимичные следующим.

1) купить товары –
2) большой выбор –
3) от российских и иностранных производителей –
4) самая разнообразная одежда –
5) продаётся детская одежда –
6) шарфы, шляпы, галстуки, платки, перчатки –
7) кольца, браслеты, серьги, броши –

8. Напишите, что вы скажете продавцу, в этих ситуациях.

Образец 1:

Сапоги вам малы.
– *Эти сапоги мне малы. Принесите, пожалуйста, на размер больше.*

1) Платье вам велико.

2) Купальник вам мал.

3) Рубашка вам велика.

4) Пальто вам мало.

5) Туфли вам велики.

Образец 2:

Продавец показывает вам коричневый костюм, а вы хотите примерить красный.
– *Дайте мне, пожалуйста, другой костюм. Тот, красного цвета.*

1) Продавец показывает вам чёрные туфли, а вы хотите примерить белые.

2) Продавец показывает вам коричневую юбку, а вы хотите примерить синюю.

3) Продавец показывает вам зелёные брюки, а вы хотите примерить оранжевые.

4) Продавец показывает вам фиолетовую куртку, а вы хотите примерить голубую.

5) Продавец показывает вам серый пиджак, а вы хотите примерить бежевый.

9. *Брать* или *взять*? **Вставьте глагол нужного вида в правильной форме.**

   1) – Зачем ты покупаешь такой большой рюкзак?
      – Как зачем? Мы с друзьями часто ходим в походы и всегда _____ с собой много вещей.
   2) – Извини, что звоню так поздно. Хочу спросить, ты завтра _____ на встречу с клиентами новые каталоги?
      – Не волнуйся, я всё _____ .
   3) – Мы можем встретиться в понедельник вечером?
      – К сожалению, нет. По понедельникам я езжу к преподавателю русского языка, _____ частные уроки.
   4) – Что закажем на обед?
      – Давайте _____ борщ и пельмени!
   5) – Ты часто бываешь в театре?
      – Да. У моего брата абонемент, и два раза в месяц он _____ меня с собой на спектакли.
   6) – Хочу тебе напомнить, чтобы ты _____ с собой завтра флешку с нашей презентацией.
      – Спасибо, что напомнил, а то бы я забыла.
   7) – Я не могу надолго уехать из дома, потому что у меня собака.
      – А мои родители во все поездки _____ собаку с собой.

10. **Вставьте слово** *себя* **в правильной форме.**

    Дорогие женщины!
    В нашем магазине сегодня для вас специальное предложение – дневной крем для лица «Биокон» всего за 650 рублей. Сделайте _____ подарок! Подумайте о _____ ! Используя этот крем, вы почувствуете _____ моложе, вы посмотрите на _____ в зеркало и не узнаете _____ . Благодаря удобной упаковке вы сможете всегда взять его с _____ … Вы уже приобрели что-нибудь для _____ ? Нет?! Тогда спешите! Крем для лица «Биокон» всего за 650 рублей, только сегодня!

11. **Напишите, что вы скажете в этих ситуациях, используя глагол нужного вида в императиве.**

    1) покупать – купить
    Вы ждёте гостей и забыли купить хлеб. Что вы скажете друзьям?

    Ваш друг хочет купить цветы в подарок вашей сестре. Ваша сестра не любит нарциссы. Что вы скажете другу?

    2) приносить – принести
    Вы – преподаватель иностранного языка. Студенты спрашивают вас, можно ли на экзамене пользоваться словарём. Что вы им скажете, если словарём пользоваться нельзя?

    На деловой встрече вы хотите предложить гостям напитки. Что вы скажете вашему секретарю?

    3) привозить – привезти
    Вы отдыхаете на даче и пригласили в гости друзей. Они спрашивают, какие продукты вам привезти. У вас полный холодильник. Что вы скажете в этом случае?

7. Посетите нашу выставку!

Вы работаете на стенде и у вас кончились рекламные проспекты. Что вы скажете коллеге, который собирается приехать к вам из офиса?

4) брать – взять
Вы уже сдали экзамен по математике, а у вашего однокурсника экзамен будет завтра. На экзамене обязательно нужен калькулятор. Что вы скажете другу?

Вы едете на выходные за город. Из прогноза погоды вы узнали, что будет солнечно и тепло. А ваша подруга уже собрала сумку с тёплыми вещами. Что вы ей скажете?

12. а) Соедините фразы и запишите полученные предложения.

У моей сестры очень хорошая зарплата, поэтому ей…	хватает денег	и на учёбу, и на спорт, и на хобби.
Я удивляюсь тому, как много успевает мой брат: ему…	не хватает денег	ни на что.
Мой коллега плохо организован, поэтому ему…	хватает времени	ни на проекты, ни на деловые встречи, ни на отчёты.
Я совсем не умею вести семейный бюджет, поэтому мне…	не хватает времени	и на квартиру в престижном районе, и на поездки за границу.

б) Напишите,
▸ на что вам хватает времени, а на что не хватает времени;
▸ на что студентам обычно хватает денег, а на что не хватает денег.

13. Согласитесь или не согласитесь с этими мнениями. Приведите свои аргументы. Используйте следующие фразы.

– Я (не) согласен / согласна с тем, что…
– Я (не) могу согласиться с тем, что…
– Я (не) разделяю мнение, что…
– Я (не) уверен / уверена в том, что…
– Я (не) сомневаюсь в том, что…
– Я считаю, что…

1) Участие в выставке – это уникальная возможность получить новые знания.

2) Надо обязательно принимать участие в выставках, чтобы расширить свой бизнес.

3) Выставки – идеальное место для поиска партнёров и проведения переговоров.

4) Выставки теряют свою ценность, так как на них много нецелевых посетителей и мало Лиц Принимающих Решения.

5) Выставка – ненужная трата денег и времени. Лучше на эти деньги заказать новую рекламу.

14. Уточните информацию.

Образец 1:

«1000 научных лабораторий» – самый важный проект нашего министерства в этом году.
«1000 научных лабораторий» – один из самых важных проектов нашего министерства в этом году.

1) Фёдор Овчинников – самый успешный бизнесмен нашего города.

2) «Лучшие инвестиционные стратегии» – самый интересный форум этого года.

3) «Диалоги о будущем» – самый крупный юридический конгресс Восточной Европы.

4) «Домик в деревне» – лидер рынка молочных продуктов в России.

Образец 2:

«Роснефть» – самая известная российская компания.
«Роснефть» – одна из самых известных российских компаний.

1) «Корпоративное кредитование в России» – популярная тема бизнес-конференций.

2) Выставка «INTERCHARM professional» – самая важная выставка для салонов красоты в России и СНГ.

3) «Крокус Экспо» – самая крупная выставочная площадка мира.

4) «Книги России» – самая любимая ярмарка среди читающей публики.

15. а) Прочитайте информационные сообщения и напишите, какая организация примет участие в какой выставке.

Название организации	Выставка
Российская ассоциация бизнес-образования	
Компания «Северсталь»	
Агентство «Мегаполис»	
Высшая школа экономики	
Фирма «Моснефтепродукт»	
Компания «Сибирские ресурсы»	

7. Посетите нашу выставку!

1) Организаторы ежегодной выставки «Недвижимость в Татарстане» приглашают посетителей ознакомиться с её экспозициями. Главные направления этого года – «Инвестиционные проекты», «Маклерские услуги», «Недвижимость за рубежом». Как и в прошлые годы, ожидается, что выставку посетит большое число заинтересованных клиентов и потенциальных покупателей. Пригласительный билет на выставку в Казани вы можете получить, заполнив анкету на сайте организаторов.

2) В Красноярске будет проходить 20-ая международная выставка «Цветные металлы и минералы», на которой будут представлены новые технологии и оборудование для металлургической индустрии. Популярность выставки заключается в том, что в ней традиционно участвуют лидирующие российские и зарубежные компании. В рамках круглого стола участники выставки обсудят важные проблемы отрасли.

3) «Выставка «Образование и карьера – XXI век» приглашает выпускников школ, студентов и аспирантов. На выставке будут представлены все ведущие вузы России. Кроме того, посетители получат уникальную возможность ознакомиться с информацией о зарубежных вузах, практике за границей, грантах и стипендиях. В выставке принимают участие представители университетов разных стран – Австрии, Великобритании, Германии, Испании, Швеции, Финляндии и Франции. Сравнивайте, выбирайте, и вы обязательно найдёте свой вуз.

4) В форуме «Газ. Нефть. Технологии будущего», проходящем в российской столице, принимают участие ведущие предприятия из регионов России, СНГ и стран Евросоюза. Цель форума – проведение переговоров, заключение контрактов, встреча с партнёрами и установление деловых контактов. Эффективность мероприятия гарантирована участием в нём Лиц Принимающих Решения. На встречах обсуждаются проблемы нефтегазовой отрасли, решаются вопросы о сотрудничестве между предприятиями.

6) Напишите предложения по образцу.

Образец:
Агентство «Пентхаус» заинтересовано в участии в выставке «Недвижимость в Татарстане».

1) Российская ассоциация бизнес-образования

2) Концерн «Северсталь»

3) Агентство «Мегаполис»

4) Высшая школа экономики

5) Фирма «Моснефтепродукт»

6) Компания «Сибирские ресурсы»

16. Перефразируйте по образцу.

Образец:
Выставка «ТрансРоссия», проходящая в Москве в «Крокус Экспо», будет интересна транспортным и логистическим фирмам.
Выставка «ТрансРоссия», которая проходит в Москве в «Крокус Экспо», будет интересна транспортным и логистическим фирмам.

1) Выставка «Наше будущее», открывающаяся в сентябре, – важное мероприятие для ведущих производителей экологических продуктов.

2) Российские партнёры, сотрудничающие с нами уже более 10 лет, отличаются надёжностью.

3) Нас особенно заинтересовало предложение компании «Фан-Тур», принимавшей участие в выставке «Отдых. Спорт. Путешествия».

4) Стоит начать сотрудничать с рекламным агентством, сделавшим выгодное предложение.

5) Эффективность форума «Газ. Нефть. Технологии будущего» гарантирована, так как в нём участвуют Лица Принимающие Решения.

6) Коллеги, сомневавшиеся в эффективности выставки, были удивлены её результатами.

17. Вы работаете в международной аудиторской фирме, которая будет принимать участие в выставке «Бухгалтерский учёт и аудит». Напишите приглашение потенциальным российским клиентам, используя следующую информацию.

ВЫСТАВКА «БУХГАЛТЕРСКИЙ УЧЁТ И АУДИТ»

Даты проведения:
24 января – 28 января
Страна, город:
Россия, Москва
Место проведения:
Всероссийский выставочный центр (ВВЦ)
адрес: 129223, Москва, проспект Мира, здание 119

Организатор:
«Экспосервис»
Тематические разделы выставки:
1) Автоматизация бухгалтерского учёта.
2) Аудиторские, консалтинговые, юридические, финансовые услуги.
3) Документооборот.
4) Профессиональное обучение и повышение квалификации.

Уважаемые господа!

Приглашаем Вас посетить наш стенд на выставке _____, которая будет проходить _____

Мы будем очень рады _____
Ждём вас по адресу _____
Наш стенд будет расположен в разделе _____

7. Посетите нашу выставку!

18. Вставьте глагол нужного вида в правильной форме.

1) принимать – принять
В следующем году мы планируем _____ участие в выставке «Природа и ресурсы Сибири». Наша фирма традиционно _____ участие в региональных выставках.

2) обсуждать – обсудить
– Завтра мы должны _____ планы и стратегии на будущий год.
– Мы всё время только _____ стратегии, пора их реализовывать!

3) приобретать – приобрести
– Нашей фирме нужно _____ новую оргтехнику. Не подскажете, куда нам лучше обратиться?
– Мы всегда _____ офисную технику в фирме «Техносила». У них большой выбор и отличный сервис.

4) проводить – провести
Сегодня состоялось закрытие выставки. Сообщаем о результатах: успешно _____ переговоры с фирмой «Альфа». Считаем, что целесообразно регулярно _____ встречи с партнёрами на специализированных выставках.

5) обращаться – обратиться
– Алло! Это оргкомитет?… Извините, что опять _____ к вам. К сожалению, в каталоге вашей выставки неправильно указаны наши реквизиты…
– По этому вопросу вам лучше _____ к нашему редактору.

6) показывать – показать
Раньше наши конкуренты на выставках _____ только каталоги своей продукции, а вчера к нашему удивлению _____ образцы новых товаров.

7) сообщать – сообщить
– Слушай! По радио _____, что в Казахстане скоро закроются филиалы банка «Абсолют».
– Это уже всем давно известно. Нам об этом _____ их официальный представитель, и мы перевели счета в другой банк.

8) посещать – посетить
– Все сотрудники нашей компании имеют шансы на развитие карьеры и ежегодно _____ тренинги, семинары и конференции.
– Это прекрасно! А какие тренинги они _____ в следующем году?

9) покупать - купить
– Я люблю _____ овощи и фрукты на рынке. Там всё свежее и дешевле, чем в магазине.
– А в нашем супермаркете очень выгодные цены. Я вчера _____ яблоки, виноград, молодую картошку и зелёный лук и за всё заплатила 350 рублей.

19. Напишите письмо-запрос.

Ситуация: вы работаете в туристической фирме в Тироле. Напишите в оргкомитет выставки «Отдых. Спорт. Путешествия» письмо о том, что ваша фирма хочет принять участие в выставке.

▸ Сообщите, откуда вы узнали о выставке.
▸ Запросите необходимую для участия в выставке информацию:
  ▹ на какую целевую группу ориентирована выставка;
  ▹ сколько стоит 1 м² выставочной площади;
  ▹ стенды каких размеров предлагаются для аренды.
▸ Попросите прислать план выставочных залов, а также бланк заявки на участие.

Компания «ПРИМЭКСПО»
г. Москва, ул. Ильинка, 4
тел.: (495)380-6000
эл. почта: info@primexpo.ru

_____ 20___ г.

Уважаемые господа!

С глубоким уважением,

20. Заполните бланк заявки на участие в выставке.

Ситуация: вы – главный менеджер одного из отелей в альпийском горнолыжном регионе и хотите принять участие в Московской международной выставке «Отдых. Спорт. Путешествия». Ваша фирма заинтересована в рекламе. Вам нужен нестандартный стенд.

ЗАЯВКА НА УЧАСТИЕ

*Фамилия
*Имя
Отчество
*Название компании
*Страна
 Адрес
*Сайт в Интернете
*Электронная почта

*Сфера деятельности Вашей компании
- ☐ Информационные технологии в туризме
- ☐ Отели и объекты размещения
- ☐ Речные круизы
- ☐ Недвижимость на зарубежных курортах
- ☐ Медицинский туризм

*Выставочная площадь
- ☐ Линейный стенд
- ☐ Угловой стенд
- ☐ Остров
- ☐ Индивидуальная застройка стенда
- ☐ Необходимость рекламы в каталоге выставки

отправить

Знаком* отмечены поля, обязательные для заполнения

8. Представляем нашу компанию

1. а) Напишите, что представляют собой эти фирмы.

> **Образец:**
> «Страбаг» является ведущей австрийской строительной компанией.
> *«Страбаг» – это ведущая австрийская строительная компания.*

1) «Ред Булл» является австрийской специализированной производственной фирмой.

2) «Шенкер» является известной германской логистической компанией.

3) «Вольво» является солидным шведским автомобильным концерном.

4) «Сименс» является многопрофильной транснациональной компанией.

5) «Порр» является лидирующим австрийским строительным концерном.

6) «Роснефть» является ведущей российской нефтяной компанией.

7) «Делойт» является международной аудиторской и консалтинговой фирмой.

8) «Адидас» является лидирующим германским производственным концерном.

б) Напишите, что представляют собой эти фирмы, расшифруйте сокращения.

> **Образец:**
> СП «Курмангазы Петролеум» – это российско-казахстанская нефтяная компания.
> *Совместное предприятие «Курмангазы Петролеум» является российско-казахстанской нефтяной компанией.*

1) ПАО «Норильский никель» – это горно-металлургическая компания.

2) ООО «Шатура-мебель» – это производственная фирма.

3) СП «МЕТА-БЕЛ» – это белорусско-российский производитель каминов.

4) АО «Бабаевский» – это кондитерский концерн.

5) ООО «ЛЕД-Эффект» – это производственное предприятие.

6) МП «Деловой Имидж» – это посредническая фирма.

7) ПАО «ГлавПетербургСтрой» – это строительная компания.

2. а) Напишите, что производят эти фирмы.

1) ООО «Шатура-мебель» _____
2) АО «Кондитерский концерн «Бабаевский» _____
3) ООО «ЛЕД-Эффект» _____
4) ПАО «Норильский никель» _____

б) Напишите, чем торгуют эти фирмы.

1) ООО «Хлебторг» _____
2) СП «Австрийские вина» _____
3) МП «Интермода» _____
4) ООО «Автобазар» _____

в) Вы – гость бизнес-форума, представляете одну из европейских фирм. Ответьте на вопросы.

– Представьтесь, пожалуйста!
– _____
– Скажите, пожалуйста, какую фирму вы представляете?
– Я представляю фирму _____
– А какая у вас форма организации бизнеса?
– _____
– Уточните, пожалуйста, ваша фирма производственная или торговая?
– _____
– Что производит ваша фирма? / Чем торгует ваша фирма?
– _____
– Спасибо! Проходите, пожалуйста, в зал.

3. Скажите по-другому, используя слова в скобках.

> **Образец:**
>
> Мебельная компания «Шатура» производит корпусную мебель для гостиных, спален, прихожих, детских, кухонь, офисную мебель. (а также)
>
> *Мебельная компания «Шатура» производит корпусную мебель для гостиных, спален, прихожих, детских, кухонь, а также офисную мебель.*

1) «Автобазар» – украинский интернет-сайт, на котором можно продать или купить автомобили, автобусы и мотоциклы. (не только… но и) _____

2) «Джонсон & Джонсон» – крупный производитель косметических и санитарно-гигиенических товаров, медицинского оборудования. (а также) _____

3) Кондитерский концерн «Бабаевский» производит популярные в России сорта конфет и шоколада, постоянно расширяет ассортимент. (кроме того) _____

4) «Азбука вкуса» – российская частная сеть супермаркетов, которые работают в крупных городах и их пригородах. (как… так и) _____

8. Представляем нашу компанию

5) Современная светотехническая продукция компании «ЛЕД-Эффект» гарантирует комфортный свет и экономит энергоресурсы. (а также)

6) Посредническая компания «Деловой имидж» поможет вам найти производителей в Китае и приобрести оптом готовые товары. (не только… но и)

7) «Ред Булл» – производитель энергетических напитков, компания широко известна как спонсор и организатор многочисленных спортивных мероприятий. (кроме того)

4. а) Напишите предложения по образцу.

Образец 1:
Пражский университет / 1348 / император Карл IV
Пражский университет был основан в 1348 году императором Карлом IV.

1) Венский университет / 1365 / герцог Рудольф IV

2) МГУ / 1755 / императрица Елизавета I по инициативе М.В. Ломоносова

3) Йенский университет / 1558 / император Фердинанд I

Образец 2:
«Липтон» / 1890 / британский предприниматель Томас Липтон
Марка «Липтон» была зарегистрирована в 1890 году британским предпринимателем Томасом Липтоном.

1) «Кока-кола» / 1886 / фармацевт Джон Стит Пембертон

2) «Спортмастер» / 1996 / бизнесмен Николай Фартушняк и его брат Владимир

3) «Герри Вебер» / 1973 / предприниматель и дизайнер Герхард Вебер

Образец 3:
Один из первых компьютеров / 1941 / гарвардский математик Говард Эйксон
Один из первых компьютеров был создан в 1941 году гарвардским математиком Говардом Эйксоном.

1) «Айфон» / 2007 / корпорация «Эппл»

2) «Фейсбук» / 2004 / Марк Цукерберг

3) Первый спутник / 1957 / советские учёные

б) Скажите, как давно были созданы эти бренды (см. пункт а). Используйте следующие слова.

(совсем) недавно • не так давно
очень давно • очень-очень давно

Образец:

Мессенджер WhatsApp *был создан не так давно, лет 5 назад.*

1) «Айфон 7»
2) «Фейсбук»
3) «Герри Вебер»
4) «Кока-кола»
5) «Спортмастер»
6) «Липтон»

5. В каком году это было? Напишите даты словами.

Образец:

Янош Котани основал фирму «Котани» в 1881 году.
в тысяча восемьсот восемьдесят первом году

1) Герман Холлерит основал концерн «Ай-Би-Эм» в 1889 году.

2) Ингвар Кампрад создал фирму «Икеа» в 1958 году.

3) Рихард Сейферт и его жена образовали фирму «Лутц» в 1945 году.

4) Уильям Хьюлетт и Дэвид Паккард создали компанию «Хьюлетт Паккард» в 1939 году.

5) Чарлз Роллс и Генри Ройс основали фирму «Роллс-Ройс» в 1904 году.

6) Эдриан Дэлси, Ларри Хиллблом и Роберт Линн основали концерн «ДХЛ» в 1969 году.

6. а) Вставьте подходящий глагол в правильной форме.

Образец: переходить – перейти

Наша фирма в настоящее время *переходит* на новую бизнес-модель, поэтому через два месяца наш отдел *перейдёт* на другой режим работы.

1) входить – войти
Наше предприятие стабильно _____ в сто лучших компаний отрасли. Надеемся, что в будущем году оно _____ в ТОП-10 российских производителей.

8. Представляем нашу компанию

2) выходить – выйти

Наша фирма молодая и амбициозная: в настоящее время наш новый продукт _____ на внутренний рынок, а в следующем году _____ на европейский.

3) уходить – уйти

Сейчас некоторые европейские банки _____ из Восточной Европы. Но наш банк не _____ из России, так как для нас это стратегически важный регион.

6) Дополните текст интервью, поставив глаголы в правильную форму.

– Скажите, пожалуйста, каких успехов достигла ваша компания?
– Наша компания стабильно _____ (входить) в сто крупнейших модных домов. В прошлом году мы _____ (войти) в число германских предприятий с активным экономическим ростом.
– А когда ваша фирма _____ (выйти) на мировой рынок?
– Наша экспансия в США и страны Европы началась уже в 1982-ом году.
– В настоящее время некоторые европейские бренды одежды _____ (уходить) с российского рынка. Как вы можете объяснить этот процесс?
– Дело в том, что продукция российских производителей становится всё более конкурентноспособной. Фирмы, которые недавно _____ (уйти) из России, просто не смогли конкурировать с ними, особенно в цене.
– Ваша фирма, наоборот, в следующем году _____ (выйти) на российский рынок. Конкуренты для вас не проблема?
– Мы _____ (выходить) на российский рынок, потому что хотим занять специальную нишу: мы предлагаем качественную и стильную одежду по доступной цене.
– Желаю вам успешной работы на российском рынке!
– Спасибо!

7. Продолжите фразы, выбрав подходящие слова. Не забудьте поставить слова в родительный падеж!

> компьютерная техника · офисы · кредиты · машины · газ · деревянные дома · продукты питания · лекарства · туристические поездки · праздники · нефть · корпоративы · юридические услуги · мебель · двери · окна · гаражи · одежда

1) экспорт / импорт текстиля, _____
2) ремонт медицинской аппаратуры, _____
3) организация конференций, _____
4) купля / продажа автомобилей, _____
5) предоставление транспортных услуг, _____
6) производство модной обуви, _____
7) строительство дач, _____

8. Скажите, чем занимаются следующие фирмы.

Образец 1:

Фирма «Экострой» – стройматериалы
Фирма «Экострой» занимается производством и продажей стройматериалов.

1) ПАО «Гедеон Рихтер» – лекарства

2) Корпорация «Ай-Би-Эм» – компьютерная техника

3) ООО «Интернорм» – двери и окна

4) АО «Прод-Мастер» – продукты питания

Образец 2:

АО «Экспо-Центр» – международные выставки
АО «Экспо-Центр» занимается организацией международных выставок.

1) Турбюро «Дальневосточный Феникс» – туристические поездки

2) МП «Светлая музыка» – концерты

3) Компания «Эвентус» – праздники и корпоративы

4) Фирма «РосБизнесТур» – конференции

Образец 3:

Фирма «Аудит» – аудиторские услуги
Фирма «Аудит» занимается предоставлением аудиторских услуг.

1) Агентство «Право» – юридические услуги

2) Компания «Автотранс» – транспортные услуги

3) Банк «Союз» – кредиты для малого и среднего бизнеса

4) Ассоциация «Посредник» – посреднические услуги

9. Измените предложение по образцу.

Образец:

Сфера деятельности компании – производство автомобилей.
Компания занимается производством автомобилей.

1) Сфера деятельности фирмы – продажа медтехники.

8. Представляем нашу компанию

2) Профиль компании – ремонт офисов и квартир.

3) Специализация агентства – организация экскурсий.

4) Основная задача банка – предоставление кредитов.

5) Сфера деятельности фирмы – оказание риелтерских услуг.

6) Профиль компании – строительство деревянных домов и дач.

7) Специализация предприятия – финансирование региональных проектов.

8) Основное направление деятельности фирмы – импорт продуктов питания.

9) Специализация компании – экспорт нефти и газа.

10. Дополните диалоги, используя антонимы к выделенным словам.

1) – Ваша фирма продаёт лекарства **оптом**?
   – Нет, мы продаём только _____.

2) – Павел, ты купил машину? А деньги **взял в долг** в банке?
   – Нет, деньги мне _____ мой отец.

3) – Вы покупаете товар только у **крупных** оптовиков?
   – Нет, не только. Мы сотрудничаем также с _____ оптовиками.

4) – «Российские железные дороги» – это **частная** фирма?
   – Нет, _____.

5) – Простите, у вас есть **длинные** вечерние платья?
   – В нашем магазине есть всё: и длинные, и _____ платья!

6) – Что представляет собой ваша фирма?
   – Наша фирма начинала свой путь как **малое специализированное** ИТ-предприятие, а сейчас мы _____ компания.

11. а) Прочитайте текст и дайте ему название.

KASPERSKY lab

На сегодняший день «Лаборатория Касперского» – один из лидеров рынка антивирусных продуктов. История фирмы началась давно – в 1987 году, когда её основатель, Евгений Касперский, поступил на работу в один многопрофильный научно-исследовательский институт в Москве. Именно здесь молодой инженер-математик решил изучать компьютерные вирусы после того, как в 1989 году столкнулся с вирусом Cascade.

Затем он продолжил работу в Центре информационных технологий, где вместе с группой специалистов занимался разработкой антивирусных решений. В ноябре 1992 года группа создала свой первый продукт – AVP 1.0, который через 8 лет был назван «Антивирус Касперского».

В 1997 году Касперский и его коллеги основали собственную компанию, которая получила название «Лаборатория Касперского». Фирма специализируется на разработке антивирусных программ для крупного, среднего и малого бизнеса, а также для индивидуального использования.

В настоящее время АО «Лаборатория Касперского» входит в четвёрку ведущих мировых производителей антивирусных продуктов. Это международная группа компаний с центральным офисом в Москве, а 30 региональных офисов ведут продажи в 200 странах. В мае 2014 года годовой доход «Лаборатории Касперского» составил более 700 миллионов долларов США, а количество сотрудников – более 2800 человек. Основным владельцем и генеральным директором компании является Евгений Касперский.

Евгений Касперский – один из ведущих мировых специалистов в сфере защиты от вирусов. Он – автор большого числа статей по проблемам компьютерной вирусологии, регулярно принимает участие в специализированных семинарах и конференциях в России и за рубежом.

6) Прочитайте утверждения, отметьте, какие из них правильные (+), а какие нет (–). Аргументируйте ваш выбор.

1) Карьера Евгения Касперского началась в 1987 году.

2) Первая антивирусная программа была создана Касперским и его коллегами после основания компании «Лаборатория Касперского».

3) «Лаборатория Касперского» предлагает антивирусные продукты не только для фирм, но и для частных клиентов.

4) Компания ориентирована на внутренний рынок.

5) Евгений Касперский – крупный специалист в сфере компьютерной вирусологии.

12. Подготовьте информационное сообщение об этапах создания и развития одной из известных компаний. Используйте следующие фразы.

| через несколько лет
на сегодняшний день
(сколько) лет назад
после того, как
в настоящее время
в начале своей карьеры |  | попробовать себя в чём? · основать компанию
специализироваться на чём? · начать карьеру
зарегистрировать бренд · заниматься бизнесом
купить и продать что? · руководить предприятием
входить в десятку ведущих производителей / фирм
достичь больших успехов · создать продукт |  |

8. Представляем нашу компанию

13. Уточните информацию.

Образец 1:

Сок «Добрый» – лидирующий бренд рынка соков..
Сок «Добрый» – один из лидирующих брендов рынка соков.

1) «Вольво» – ведущий автомобильный концерн.

2) Андрей Новиков – самый успешный бизнесмен нашего города.

3) «Адидас» – лидирующий производитель спортивных товаров.

Образец 2:

«Роснефть» – ведущая нефтяная компания мира.
«Роснефть» – одна из ведущих нефтяных компаний мира.

1) «Российские инновации» – одна из самых перспективных российских компаний.

2) «Домик в деревне» – лучшая марка молочных продуктов в России.

3) «ЛЕД-Эффект» – российская инновационная производственная компания.

Образец 3:

Магазин «Форвард» – лучшее торговое предприятие года.
Магазин «Форвард» – одно из лучших торговых предприятий года.

1) Компания «Газпром» – самое известное российское предприятие.

2) «Персона Грата» – известное юридическое агентство.

3) «Мир без границ» – популярное туристическое агентство.

Образец 4:

Павел Дуров и Иван Таврин – самые успешные молодые бизнесмены России.
Павел Дуров и Иван Таврин – одни из самых успешных молодых бизнесменов России.

1) «Делойт» и «КПМГ» – самые крупные аудиторские фирмы.

2) «БМВ» и «Ауди» – самые любимые марки автомобилей в Европе.

3) «Дойче Банк» и «Уни-Кредит» – самые успешные европейские банки.

а) Дополните рекламный текст, используя следующие фразы.

предлагает широкий ассортимент • гарантируем высокое качество • получили приз • заняла 3 место • пользующиеся популярностью • сотрудничаем напрямую • занимает лидирующее положение • стали одной из самых актуальных покупок

ПРОДАЖА ВЕЛОСИПЕДОВ В МОСКВЕ
АКТУАЛЬНАЯ ИНФОРМАЦИЯ! НОВЫЕ АКЦИИ!

С наступлением тёплого времени года велосипеды _____ в Москве. Здоровый образ жизни по-прежнему в моде. Приобрести велосипед хотят молодые люди, увлекающиеся велоспортом, мамы и папы, которые мечтают сделать отличный подарок своему ребёнку, пожилые люди, думающие о своём здоровье.

Компания «AlienBike» _____ велосипедов: туристических и дорожных, гибридных и горных. Каждый любитель езды на велосипеде найдёт у нас подходящий для себя вариант. Не имеет значение сколько вам лет, есть у вас опыт или вы только начинаете кататься на велосипеде.

Мы _____ с лучшими мировыми производителями, поэтому _____ монтажа и используемых материалов. В наших магазинах представлены модели, _____ у райдеров, а также самые свежие новинки велотехники.

«AlienBike» _____ в сфере торговли спорттоварами. В прошлом году компания _____ во всероссийском конкурсе «Лучшее предприятие розничной торговли», а наши сотрудники _____ за самый профессиональный сервис. Наши консультанты помогут вам советом по телефону, покупатель всегда получит профессиональные рекомендации. Мы поможем сделать правильный выбор байка, который будет радовать владельца не один сезон.

Мы стараемся делать всё, чтобы каждый мог купить байк у нас. Именно поэтому мы проводим акции и скидки. Не упустите свой шанс получить байк по очень привлекательной цене!

б) Закончите предложения.

1) Акция проводится…
а) весной.
б) зимой.
в) осенью.

2) Магазин не продаёт велосипеды…
а) для детей.
б) для пожилых людей.
в) для профессиональных спортсменов.

3) Магазин…
а) продаёт только самые новые марки велосипедов.
б) имеет широкий выбор велосипедов.
в) предлагает эксклюзивные модели велосипедов.

4) Фирма специализируется на продаже велосипедов…
а) от европейских производителей.
б) от производителей со всего мира.
в) от российских производителей.
5) «AlienBike»…
а) является лидером в сфере торговли спорттоварами.
б) занимает стабильное положение в сфере оптовой торговли.
в) заняла первое место в России по качеству сервиса.

15. Напишите краткое сообщение о том, каких успехов достигла фирма, где вы работаете. Этот план вам поможет:

▸ название и сфера деятельности фирмы
▸ прибыль и рост компании
▸ положение компании в отрасли
▸ выход на европейский / мировой рынок
▸ продукция: качество и ассортимент
▸ репутация фирмы
▸ места в рейтингах
▸ призы на ярмарках

16. а) Прочитайте письмо-предложение о сотрудничестве, которое получил менеджер по закупкам компании «Хлебторг», и ответьте на вопросы после текста.

Уважаемый господин Караваев!

Наша компания «Бакальдрин» занимается производством ингредиентов для хлебопекарного и кондитерского сектора. Из объявления в журнале «КОНДИТЕРСКОЕ И ХЛЕБОПЕКАРНОЕ ПРОИЗВОДСТВО» мы узнали о Вашей фирме. Хотим сообщить, что наша компания весьма заинтересована в установлении делового сотрудничества с вами для продвижения нашей продукции на российский рынок.

Компания «Бакальдрин» – один из мировых лидеров в производстве ингредиентов для хлебопекарной и кондитерской промышленности. Мы предлагаем большой выбор продуктов, среди которых оригинальные премиксы, кондитерские смеси, кремы, ароматизаторы и дополнительные продукты. Продукты являются не только качественными, но и оригинальными. Их производство соответствует всем принятым в Европе гигиеническим нормам. Продукция компании «Бакальдрин» отлично зарекомендовала себя на мировом рынке.

Наша компания предлагает не только ингредиенты для производства хлебобулочных и кондитерских изделий, но и комплекс услуг, который включает консультации и семинары ведущих технологов с выездом на предприятия.

Кроме крупнейших хлебозаводов и комбинатов клиентами компании «Бакальдрин» являются торговые сети, кондитерские предприятия и маленькие пекарни.
Сотрудничество с нами позволит Вам приобрести надёжного партнёра на многие годы, быть всегда в курсе новинок в хлебопекарном и кондитерском секторе и успешно развивать собственный бизнес.

Заранее благодарим Вас за оперативный ответ.
С уважением,
Патрик Бекер,
менеджер по продажам

НЕ ИГРАЙТЕ С КАЧЕСТВОМ, ИСПОЛЬЗУЙТЕ ПРОДУКЦИЮ «БАКАЛЬДРИН»!

1) Откуда господин Бекер узнал о компании «Хлебторг»?

2) С какой целью господин Бекер написал письмо в фирму «Хлебторг»?

3) Чем занимается фирма «Бакальдрин»?

4) Какие товары и услуги она предлагает?

5) Каких успехов достигла эта компания?

6) Какие предприятия являются клиентами фирмы «Бакальдрин»?

6) Найдите в тексте письма фразы, синонимичные следующим.

1) Мы хотим стать вашими деловыми партнёрами.

2) Мы предлагаем широкий ассортимент продуктов.

3) Наши продукты отличаются высоким качеством и оригинальностью.

4) Продукция фирмы «Бакальдрин» пользуется отличной репутацией во всём мире.

5) Мы предоставляем разнообразные услуги, в том числе проведение консультаций и семинаров.

6) Будем благодарны за быстрый ответ.

17. Напишите ответ на письмо фирмы «Бакальдрин» от имени господина Караваева по следующему плану.

▸ Поблагодарите за письмо и за интерес к вашей фирме.
▸ Сообщите, что вы заинтересованы в установлении взаимовыгодного сотрудничества.
▸ Попросите переслать вам более подробную информацию о продукции фирмы, а также прислать вам актуальный каталог и прейскурант.

18. а) Дополните рекламный текст, вставив слова *весь, вся, всё* **в правильной форме.**

_____ нашу продукцию отличает высочайшее качество. Во _____ нашей продукции содержатся только натуральные ингридиенты. Во _____ нашем производ-

8. Представляем нашу компанию

ственном процессе используются самые современные технологии. _____ наше будущее мы создаём сегодня своими руками – вот наша философия. Для _____ нашего коллектива важна общая цель – создавать новое и идти вперёд. От имени _____ нашей компании благодарим вас за то, что вы выбираете марку «Органика»!

б) Ответьте на вопросы по образцу. Используйте слово *все* в правильной форме.

Образец:
Директор: Вы пригласили наших партнёров на встречу?
Секретарь: *Да, я пригласил(а) всех партнёров.*

1) Вы переслали моё сообщение нашим партнёрам?

2) Вы сообщили сотрудникам время проведения совещания?

3) Вы побеседовали с нашими потенциальными заказчиками?

4) Вы ответили на вопросы покупателей?

5) Вы рассказали покупателям о наших новых товарах?

6) Вы послали клиентам каталог наших последних моделей?

19. а) Кто в чём заинтересован? Напишите предложения по образцу.

Образец: клиент – оперативный ответ
Клиент заинтересован в оперативном ответе.

1) продавец – быстрая оплата

2) фабрика – современное оборудование

3) потенциальные партнёры – долговременное сотрудничество

4) менеджер – большая прибыль

5) покупатель – высокое качество товара

б) Продолжите предложения, используйте слова в скобках в правильной форме.

1) Биопродукты пользуются _____ (постоянный спрос) на российском рынке.
2) Магазин бытовой техники «Эльдорадо» пользуется _____ (хорошая репутация) у клиентов.
3) Ассортимент магазинов «Мир КОЖИ и МЕХА» пользуется _____ (большое уважение) у покупателей за практичность и удобство.
4) Спецкурс по по страноведению России пользуется _____ (огромная популярность) у студентов.
5) Наш новый менеджер по продажам пользуется _____ (большой авторитет) у сотрудников.

20. Перефразируйте.

> **Образец:**
> Агентство недвижимости «Альфа», зарегистрированное в 2016 году, уже приносит солидный доход владельцам.
> *Агентство недвижимости «Альфа», которое было зарегистрировано в 2016 году, уже приносит солидный доход владельцам.*

1) Прибор, созданный нашими инженерами, вызвал большой интерес на международной выставке.

2) Товары, проданные со скидкой, покупатель не имеет права вернуть в магазин.

3) Компания «Габор», основанная в прошлом веке, до сих пор верна своим традициям.

4) Бытовая техника, сделанная в Германии, пользуется у россиян большим уважением за высокое качество.

5) Российско-австрийское СП, образованное в прошлом году, планирует открыть новый завод в Калуге.

6) Форум, ориентированный на академическую аудиторию, приглашает молодых учёных принять участие в дискуссиях и докладах.

7) Представительство, открытое нами в Москве, будет координировать работу всех российских дилеров.

9. Обсуждаем условия контракта

1. Замените активные конструкции пассивными.

Образец:
Директор приглашает весь коллектив на собрание.
Весь коллектив приглашается на собрание.

1) Мы назначаем встречу с партнёрами на вторник.

2) Мы продаём электронные приборы оптом.

3) Начальник отдела меняет график работы

4) Производители понижают цены.

5) На курсы русского языка мы принимаем всех желающих.

6) Технический отдел устанавливает в офисе новое оборудование.

7) Мы постоянно улучшаем качество товаров.

8) Руководство компании редко повышает зарплаты.

2. Согласитесь с утверждением.

Образец:
– Как нам известно, ситуация на рынке нефти стала лучше.
– *Да, это так. Ситуация на рынке нефти улучшилась.*

1) – Если я не ошибаюсь, ситуация на рынке туристических услуг стала хуже.

2) – Насколько нам известно, ситуация на рынке недвижимости в Петербурге стала лучше.

3) – По последним данным, ситуация на рынке персональных компьютеров стала хуже.

4) – Насколько мы знаем, ситуация на фондовом рынке нашей страны стала значительно лучше.

5) – Если я не ошибаюсь, ситуация на финансовом рынке стала хуже.

3. Напишите, на каких предприятиях доход увеличился, а на каких – уменьшился, указав на сколько или во сколько раз.

1) Прибыль компании Nokia в период с апреля по июнь составила 350 млн евро, что на 9% больше по сравнению с ситуацией год назад.

2) Фирма Laima (самый крупный в Латвии производитель шоколада) закончила этот финансовый год с оборотом 10,01 млн евро, то есть на 7% меньше, чем в прошлом году.

3) По итогам первого полугодия чистая прибыль авиакомпании Delta Air Lines составила 1,5 миллиарда долларов, что в 2 раза больше по сравнению с аналогичным периодом прошлого года.

4) Чистая прибыль индийского автоконцерна Tata Motors в первом квартале этого года составила приблизительно $763 млн, что на 29% меньше, чем в последнем квартале прошлого года.

5) Из-за нестабильной политической ситуации в некоторых странах туристические фирмы несут потери. В этой отрасли ожидается снижение прибыли на 20 – 25%.

6) Оборот в нашем Интернет-магазине за последний год удвоился.

4. а) Нарисуйте графики или диаграммы, иллюстрирующие следующую информацию.

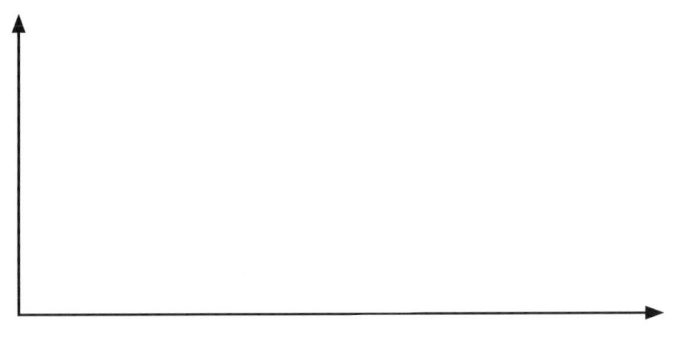

В первом и во втором кварталах этого года курс акций нашего предприятия практически не изменился, в третьем – незначительно вырос, а в четвёртом – резко упал.

На рабочем рынке Украины наблюдается положительный тренд: за последние три года количество рабочих мест выросло прежде всего в сферах телекоммуникаций и медиа.

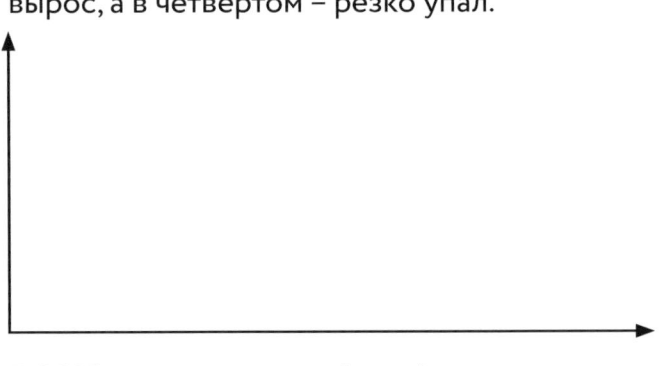

В 2015 году чистая прибыль белорусских предприятий снизилась более чем на 40% по сравнению с 2014 годом.

Цены на жильё в нашем регионе постепенно повышаются. Особенным спросом пользуются двухкомнатные квартиры.

б) Опишите графики.

Динамика курса акций АО ГАЗПРОМ

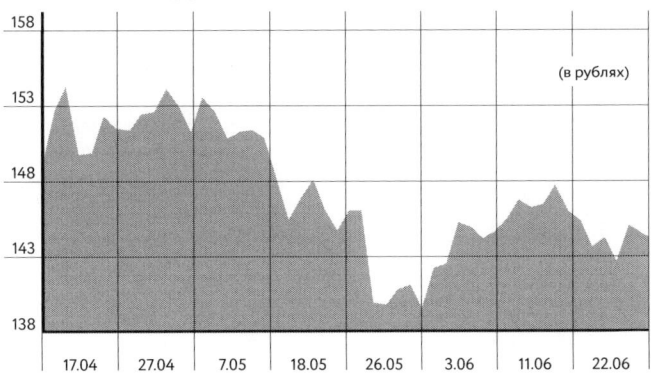

Реальные доходы населения

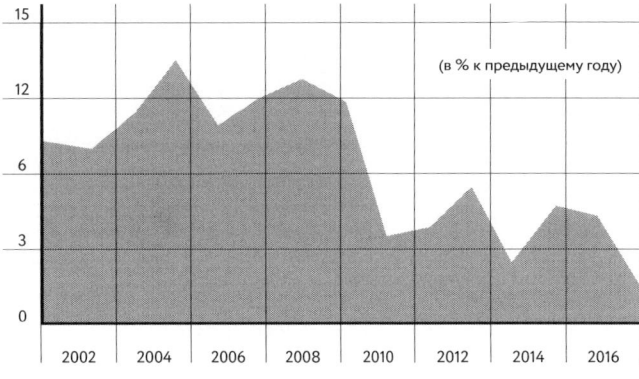

9. Обсуждаем условия контракта

5. а) Прочитайте интервью и ответьте на вопросы, используя фразы из текста.

– Доброе утро, дорогие друзья! Всем привет! Меня зовут Маргарита Шилова, и это утренний эфир «Бизнес-завтрака» на интернет-радио radio.mediametrics.ru «За чашкой кофе»… Сегодня у нас в студии интересный собеседник – коммерческий директор интернет-магазина дизайнерских товаров Fabika Александр Мальцев.
– Здравствуйте, Маргарита! Спасибо за приглашение на бизнес-завтрак.
– Александр, ваш интернет-магазин пользуется большим успехом у тех, кто любит модно одеваться, кто интересуется дизайном. Я сама там часто покупаю оригинальные вещи для дома от российских дизайнеров. Как родилась идея создать такой бизнес? Раскройте нам ваш секрет.
– Никакого секрета здесь нет. Наш интернет-магазин Fabika был создан как копия американского стартапа Fab.
– Это тот самый Fab, о взлётах и падениях которого так много говорили и писали несколько лет тому назад?
– Совершенно верно. Это была нашумевшая история. На пике своего развития Fab оценивался в $1 млрд, а был продан всего лишь за $15 млн.
– Что же случилось?
– Этот бизнес стремительно развивался. Уже в день своего открытия Fab продал товаров на десятки тысяч долларов. Число клиентов росло с космической скоростью: через четыре месяца на их сайте зарегистрировался миллионный подписчик. А через полтора года после старта компания поздравляла своего 10-миллионного клиента. В 2013 году темпы роста Fab были выше, чем у Facebook и Groupon в их лучшие годы; годовой оборот вырос до $250 млн, количество сотрудников в конце года составило 600 человек. Пользователям очень нравилась сама концепция того, что дизайнерские вещи можно купить со скидкой, а скидки были большие – до 70%.
Но, к сожалению, быстрый рост сменился падением. Надо заметить, что Fab никогда не был экспертом в логистике. А критической точкой стал декабрь 2013 года, когда масса клиентов не получила вовремя товары, заказанные на fab.com. Компания просто не смогла организовать отправку всех заказов в нужное время. Клиенты не смогли подарить своим близким подарки на Рождество и были очень не довольны. Пострадала репутация компании и количество заказов резко упало.
Были и другие ошибки. При выходе на новый рынок нужно сначала внимательно изучить его особенности, чего Fab не сделал при экспансии в Европу. Кроме того, вести маркетинг одновременно на 20 стран вообще нелегко. Нельзя забывать и о персонале: до 2013 года в Fab стремительно росло количество сотрудников, шла ротация топ-менеджеров, что не могло не сказаться на эффективности компании.
– Я вижу, что Вы проанализировали ошибки вашего кумира и их не повторите…
– Да, Маргарита. Мы, конечно, изучили этот опыт.…

Вопросы

1) Когда и в какой атмосфере проходило интервью? _____

2) Какие товары продаёт интернет-магазин Fabika? У кого пользуются популярностью эти товары?

3) Как была создана Fabika? _____

4) Сколько стоил Fab на пике своего развития и в момент продажи? _____

5) Какие факты говорили о взлёте компании Fab? _____

6) Когда и почему быстрый рост сменился падением?

7) Какие ошибки не хотят повторять создатели интернет-магазина Fabika?

6) Вставьте глагол *составить* **в правильной форме прошедшего времени.**

Инвестиции в стартап Fab _____ 1,75 млн долларов от четырёх венчурных фондов. На пике своего развития стоимость этого интернет-магазина _____ 1 млрд долларов. Уже через полтора года после старта количество клиентов фирмы _____ 10 млн человек. В 2013 году годовой оборот компании _____ 250 млн долларов, а количество сотрудников _____ 600 человек. После рождественского кризиса 2013 года число заказов резко упало и _____ всего 20% от этого показателя за 2012 год. Сумма, за которую Fab был продан, _____ лишь 15 млн долларов.

в) Подготовьте сообщение об истории развития компании, которая вам кажется интересной. Используйте фразы и конструкции из пунктов а) и б).

6. Что от чего зависит?

Образец: репутация фирмы – качество товаров и услуг

Репутация фирмы, как правило, зависит от качества товаров и услуг.

1) имидж компании – реклама

2) количество заказов – размер скидки

3) расходы – доходы

4) предложение – спрос

5) цена – качество товаров и услуг

6) спрос – цена

7) скидка – объём заказа

7. а) Ответьте на вопросы, используя слова в скобках.

Образец:

– Когда ваш бизнес начал приносить доход? (2 месяца после открытия фирмы)

– *Через два месяца после открытия фирмы.*

1) – Когда вы вышли на российский рынок? (1,5 года после основания фирмы)

2) – Когда участие в выставке принесло первые результаты? (2,5 месяца после закрытия выставки)

3) – Когда вы стали начальником отдела продаж? (0,5 года после начала работы в отделе)

4) – Когда этот продукт стал лидером продаж? (3,5 года после выхода на европейский рынок)

9. Обсуждаем условия контракта

б) Не согласитесь с собеседником.

Образец:
– Когда вы планируете купить новое оборудование? После ремонта?
– *Нет, перед ремонтом.*

1) – Когда ты хочешь сдать руководителю свою дипломную работу? После экзамена?

2) – Когда вы увеличите скидки на школьные товары? После начала учебного года?

3) – Когда вы закончите проект? После отпуска?

4) – Когда у вас самые большие скидки на одежду? После Нового года?

8. а) За какой срок? За какой период? Ответьте на вопросы, используя слова в скобках.

Образец:
– За какой период времени ваш оборот вырос в два раза? (последние три месяца, прошлый год)
– *За последние три месяца прошлого года.*

1) – За какой срок вы достигли этого результата? (первые два квартала, этот год)

2) – За сколько дней вы сможете доставить товар? (1 неделя)

3) – За сколько месяцев мы продадим новую коллекцию? (первый квартал, будущий год)

4) – За какой период времени мы сможем провести модернизацию цеха? (первые четыре месяца, будущий год)

б) Напишите, когда произошли эти события.

Образец:
– Когда вы познакомились с новым партнёром? (выставка)
– *Мы познакомились во время выставки.*

1) – Когда вы узнали об успехах этой компании? (беседа с представителем компании)

2) – Когда коммерческий директор рассказал историю основания фирмы? (интервью с журналистом)

3) – Когда вы познакомились с ведущими специалистами предприятия? (переговоры)

4) – Когда продажи вашего магазина значительно выросли? (рождественские праздники)

5) – Когда студенты вашего вуза проходят практику? (летние каникулы)

9. а) Напишите словами, в какой валюте устанавливается цена в контрактах.

1) Цены устанавливаются в _____ (€) за единицу товара. Цены включают стоимость упаковки и маркировки.

2) Цена устанавливается в _____ ($) за 1 кубометр и включает установку оборудования и обучение персонала.

3) Цены на товары устанавливаются в _____ (₽) за 1 квадратный метр и включают стоимость упаковки и маркировки.

4) Цены устанавливаются в _____ (£) за единицу товара и включают монтаж оборудования.

6) Соедините и напишите, как устанавливается цена на следующий товар.

выставочная площадь		1 штуку
бензин		1 пару
оборудование		1 квадратный метр
обувь	за	1 метр
кондитерские изделия		1 литр
ткань		1 комплект
мягкая мебель		1 единицу товара
электронные приборы		1 килограмм

Образец:
Цена на электронные приборы устанавливается за 1 (одну) штуку.

_____
_____
_____
_____
_____
_____

10. Прочитайте рекламные слоганы и напишите, что и по каким ценам предлагают эти фирмы своим покупателям.

1) **Детские товары по детским ценам.** Магазин «Карусель»

_____

2) **Сейчас или никогда! В марте – СУПЕР распродажа!** «ЦВЕТ ДИВАНОВ», мебельные магазины

_____

3) **Вещи теряют в цене, но не теряют свои достоинства.** Сеть магазинов «Мир Кожи и Меха»

_____

4) **Мы дружим со скидками.** Сеть магазинов для детей

_____

5) **Новая весна. Старая цена.** «МОДА & КОМФОРТ», магазины в Москве

_____

6) **Настоящее вино. Правильные цены.** «ОТДОХНИ», магазин вин в Москве

_____
_____

9. Обсуждаем условия контракта

11. а) Что к чему подходит? Закончите предложения.

1) Не забудь, завтра мы должны быть на открытии выставки. Давай встретимся…

2) Маркус и Лея плохо ориентируются в нашем городе. Давай встретим…

3) На какой день назначим журфикс? Я предлагаю встречаться…

4) Участие в выставке дало хороший результат. Там мы встретили…

5) На следующей неделе к нам прилетают студенты по обмену. Давайте встретим…

а) много потенциальных клиентов.

б) по понедельникам.

в) их на вокзале.

г) их в аэропорту и поможем добраться до общежития.

д) у входа в центральный павильон.

б) Ответьте на вопросы.

1) С кем и когда вы встречаетесь на этой неделе?

2) Кого вы обычно встречаете в аэропорту или на вокзале?

3) Как часто вы встречаетесь с родственниками?

4) Кого вы недавно случайно встретили в городе, в магазине, в баре?

5) Когда вы последний раз встречались со школьными друзьями?

12. Сначала прочитайте диалоги, а потом запишите, что обсудили или обсудят эти люди.

> **Образец:**
> Риелтор: Ну что вы решили? Вам подходит эта квартира или нет?
> Клиент: Я приеду к вам завтра, и мы ещё раз проанализируем все её достоинства и недостатки.
> *Завтра риелтор и клиент обсудят все достоинства и недостатки квартиры.*

1) Дизайнер: Должен вам сообщить, что фон, который вы выбрали для рекламы, очень мрачный. Я предлагаю более светлые тона.
   Менеджер по рекламе: Хорошо. Предлагаю встретиться сегодня во второй половине дня и рассмотреть ваше предложение.

2) Менеджер по закупкам: Когда вы сможете поставить нам первую партию приборов?
   Менеджер по продажам: Первый квартал следующего года вас устроит?
   Менеджер по закупкам: Да, вполне.

3) Импортёр: Как мы должны будем оплатить заказ?
   Экспортёр: Вы должны открыть безотзывный аккредитив.

4) Менеджер по продажам: Как лучше организовать перевозку товаров в Гамбург?
Менеджер-логист: Это зависит от товара. Транспортировка может быть морским, автомобильным или железнодорожным транспортом.

5) Менеджер по продажам: Мы ещё не говорили о размере предоплаты.
Клиент: Обычно мы предоставляем 30%-ую предоплату.
Менеджер по продажам: Наша фирма обычно требует предоплату в размере 50%. Но мы можем завтра вернуться к этому вопросу.

13. Сделайте диалог более живым, дополнив его этикетными фразами из задания 14 (учебник, стр. 173)

– Добрый день, _____! Я слышал(а) о вас _____

– Здравствуйте, _____! Я тоже _____
– Проходите, _____

– Если можно, _____
Перейдём _____. Сегодня нам нужно согласовать цену товара. Мы рассмотрели ваше предложение и считаем, что цена товара очень высокая.
– _____, наша цена подтверждается конкурентными материалами.
– _____, аналогичные товары от азиатских производителей намного дешевле.
– _____ наши товары хорошо себя зарекомендовали и пользуются большим спросом во всём мире. Кроме того, мы постоянно улучшаем качество нашей продукции.
– _____. Именно поэтому мы готовы с вами сотрудничать, но, по нашему мнению, ваши цены завышены примерно на 10%.
– _____, что обычно мы предоставляем скидку с цены до 8%, если клиент делает крупный заказ.
– _____. Мы и планировали сделать крупный заказ. Если бы мы договорились о солидной скидке, то наша фирма предоставила бы вам выгодные условия платежа.
– _____ как можно быстрее прислать мне точное количество заказываемых вами приборов. Я вам сразу же сообщу размер скидки.
– Если нас ваше предложение устроит, то мы в ближайшее время. продолжим переговоры.
– Я уверен(а), что _____

– От имени нашей фирмы _____

9. Обсуждаем условия контракта

14. Уточните информацию.

Образец:
– Ваша фирма – известнейший производитель электронного оборудования, не так ли?
– *Наша фирма – один из известнейших производителей электронного оборудования.*

1) – Вы сотрудничаете с крупнейшим транспортным агентством в регионе, не так ли?

2) – На выставке ваша фирма продемонстрирует новейшую модель планшета, не так ли?

3) – Вы импортируете и успешно продаёте популярнейший в Европе витаминный комплекс, не так ли?

4) – Ваши конкуренты подписали контракт с важнейшим в отрасли производителем, не так ли?

5) – Адам Смит – величайший представитель классической экономики, не так ли?

6) – Мы обсудим это предложение на ближайшем совещании, не так ли?

15. а) Кто что предоставляет? Соедините, напишите предложения.

Банк		технические консультации
Магазин		годовой отчёт
Покупатель		большие возможности
Производители		выгодные условия платежа
Бухгалтерия	предоставляет	выгодный кредит
Жизнь	предоставляют	материальную помощь
Сервис-центр		гарантию
Спонсоры		данные
Статистический центр		скидки

6) Скажите по-другому.

> **Образец:**
> В том случае, если продавец нам предоставит десятипроцентную скидку, мы можем сделать крупный заказ.
> *Если бы продавец предоставил нам десятипроцентную скидку, то мы бы могли сделать крупный заказ.*

1) В том случае, если банк предоставит нам кредит, мы сможем приобрести приборы от европейского производителя.

2) В том случае, если вы сегодня уточните число заказываемых приборов, мы завтра же сообщим размер скидки.

3) В том случае, если покупатель предоставит нам банковскую гарантию, мы поставим товар в ближайшее время.

4) В том случае, если производитель предоставит нам гарантийное обслуживание, мы подпишем контракт.

5) В том случае, если экспортёр поставит оборудование в первом квартале, мы сможем начать производство уже в третьем квартале.

6) В том случае, если Российские железные дороги предоставят нам выгодные тарифы, мы отправим товар железнодорожным транспортом.

6. а) Напишите, какую скидку хотел бы получить покупатель.

> **Образец:**
> Покупатель считает, что цена на компьютеры завышена на 5%.
> *Покупатель хотел бы получить скидку в размере пяти процентов.*

1) По мнению покупателя, цена на приборы завышена примерно на 10%.

2) Покупатель уверен, что цены на ноутбуки завышены приблизительно на 15%.

3) Покупатель считает, что предлагаемая цена на детскую обувь завышена на 7%.

б) Предложите выгодные условия.

> **Образец:**
> – Мы считаем, что ваша цена на оборудование завышена на 20%.
> *– Мы можем предоставить вам двадцатипроцентную скидку.*

1) – Нам кажется, что цена на стройматериалы завышена примерно на 12%.

2) – По нашему мнению, ваши цены на фрукты завышены приблизительно на 25%.

3) – Мы считаем, что предлагаемая вами цена на мягкую мебель завышена на 8%.

9. Обсуждаем условия контракта

в) Напишите словами, какие скидки предлагает продавец.

Образец: 2% – 5%
– *Мы предлагаем скидки от 2 (двух) до 5 (пяти) процентов.*

1) 3% – 8%

2) 4% – 10%

3) 2% – 4%

4) 7% – 15%

г) Напишите, какие скидки предлагают эти магазины.

1) Вечеринка-распродажа – скидки до 80%!
   Бутик La Moda

2) Крах цен! 50% 70% 90%!
   ФАМИЛИЯ, сеть универмагов одежды для всей семьи

3) –25%! Всем и на всё!
   Л'ЭТУАЛЬ, сеть парфюмерно-косметических магазинов

4) 60% за наш счёт!
   INCITY, магазины модной одежды

5) Скидки растут: от 5% до 30%.
   МАСКА, ювелирный магазин на Арбате в Москве

17. Дополните текст мейла, используя следующие слова.

заказываемых · производимого · гарантируемое
проведённых · предоставляемая · предлагаемые

Уважаемый Станислав Андреевич!
Сообщаю Вам о результатах переговоров, _____ нами с фирмой «Франц Харт». Приборы, _____ этой фирмой, отвечают самым высоким стандартам, как и техническое обслуживание, _____ производителем.
Как нам известно, цена оборудования, _____ в Германии, выше, чем цены азиатских производителей. На переговорах обсуждался вопрос о скидках: скидка, _____ фирмой «Франц Харт», может составить 8%, если мы закажем крупную партию. Предлагаю сегодня же на совещании уточнить количество приборов, _____ нами, так как от этого зависит размер скидки.
С уважением,
А.Б. Белова

18. Прочитайте мейл от вашего потенциального партнёра и напишите ответ. Подтвердите получение электронного письма и каталога, а также дату переговоров.

Уважаемый господин Браухли!
По вашей просьбе высылаем каталог нашей продукции (см. приложение).
Предлагаем назначить переговоры на 22 мая сего года.
Заранее благодарим за оперативный ответ.
Фёдорова А.И.,
менеджер по продажам фирмы «Якутские алмазы»

19. На каких сайтах можно прочитать эти фразы?

Образец:

Просим подтвердить заказ авиабилетов.
Подтвердить заказ авиабилетов просят на сайте турагентства.

фирма по аренде автомобилей • вызов такси • театр • турагентство
экспресс-доставка • гостиница • интернет-магазин • институт Пушкина

1) Необходимо подтвердить, что вы принимаете правила бронирования номера.

2) Подтвердите список товаров в Вашей корзине.

3) Подтверждаете ли вы бронирование на аренду данного автомобиля?

4) Подтвердите заказ такси полученным смс-кодом.

5) В течение этого срока вы обязаны подтвердить получение товара.

6) Подтверждаю своё согласие на получение электронной рассылки репертуара.

7) Подтвердите оплату подготовительных курсов к сертификационным экзаменам по русскому языку.

9. Обсуждаем условия контракта

20. а) Прочитайте текст и ответьте на вопросы.

ТЕРМИНЫ ИНКОТЕРМС 2010

Инкотермс – международные правила объяснения торговых терминов, разработанные Международной торговой палатой в Париже. Основной целью Инкотермс является стандартизация базисных условий поставки товара и определение обязанностей продавца и покупателя.

Правила Инкотермс стали важной частью повседневного языка торговли. Термины включаются в договоры купли-продажи товаров по всему миру и дают руководство к действию для импортёров, экспортёров, юристов, перевозчиков, страховщиков и студентов, изучающих международную торговлю.

В настоящее время в России, как и во всём мире, широко используются английские термины, хотя в документах может встречаться и их перевод на русский язык. В этом случае в тексте договора используется торговый термин «франко» (итал. franco, что значит «свободно»). Этот термин обозначает пункт, в котором вся ответственность за доставку товара от продавца переходит к покупателю.

Вопросы

1) С какой целью были разработаны термины Инкотермс?

2) Где и в какой сфере они используются?

3) Какие термины сейчас используются в России?

4) Что значит торговый термин «франко»?

б) Соотнесите интернациональные термины с их русскими формулировками.

1) Термины, используемые при перевозке любыми видами транспорта:

EXW Ex Works	«Поставка в пункте»
FCA Free Carrier	«Фрахт/перевозка и страхование оплачены до»
CPT Carriage paid to	«Поставка на терминале»
CIP Carriage and Insurance paid to	«Поставка с оплатой пошлины»
DAT Delivered and Terminal	«Франко завод»
DAP Delivered and Place	«Фрахт/перевозка оплачены до»
DDP Delivered Duty paid	«Франко перевозчик»

2) Термины, используемые при морской и внутренней водной перевозке

FAS Free alongside Ship	«Стоимость и фрахт»
FOB Free on Board	«Стоимость, страхование и фрахт»
CFR Cost and Freight	«Франко вдоль борта судна»
CIF Cost, Insurance and Freight	«Франко борт»

10. Проверим себя

Как мы знаем лексику и грамматику

1. Соедините слова. Одно слово в колонках а–е лишнее.

1) взять	а. бакалавриат	16) многолетний	а. ассортимент
2) поступить	б. успеха	17) годовой	б. концерн
3) окончить	в. требование	18) многонациональный	в. оборот
4) добиться	г. в университет	19) разнообразный	г. опыт
5) получить	д. в долг	20) многопрофильный	д. коллектив
	е. образование		е. директор
6) подчеркнуть	а. совет	21) спрос	а. для цеха
7) основать	б. прибыль	22) скидки	б. на новый рынок
8) производить	в. преимущества	23) мебель	в. на товар
9) предоставлять	г. продукцию	24) оборудование	г. для гостиной
10) приносить	д. фирму	25) выход	д. до 30 процентов
	е. услуги		е. в здание
11) верхняя	а. ярмарка		
12) книжная	б. техника		
13) мягкая	в. косметика		
14) бытовая	г. кухня		
15) натуральная	д. мебель		
	е. одежда		

2. Восстановите текст, выбрав правильный вариант.

ПАЛФИНГЕР ОСТАЁТСЯ ЛИДЕРОМ РОССИЙСКОГО РЫНКА ПОДЪЁМНОГО ОБОРУДОВАНИЯ

В городе Ишимбай, Республика Башкортостан, состоялась официальная церемония открытия нового завода «ИНМАН». В церемонии **(1)** _____ высокопоставленные гости, руководство АО «ИНМАН» и концерна PALFINGER.
АО «ИНМАН» – **(2)** _____ в России производитель кранов-манипуляторов и специальной техники для подъёма, погрузки и транспортировки грузов. Предприятие **(3)** _____ в 1992 году группой нефтяных компаний. PALFINGER – производственный концерн, **(4)** _____ лидирующие позиции на мировом рынке подъёмного оборудования. «ИНМАН» стал первым предприятием, которое **(5)** _____ в состав австрийского концерна на территории России. В 2013 году концерн **(6)** _____ строительство новой современной производственной площадки в городе Ишимбай. В процессе реализации проекта концерн инвестировал более 14 млн евро в АО «ИНМАН», из которых 5 млн евро ушло на приобретение современного **(7)** _____ и станков. В результате был построен производственный корпус общей площадью 10 000 м².
На новой производственной площадке будет работать 220 человек, для которых созданы комфортные **(8)** _____ труда. В административных помещениях предусмотрены современные офисы, столовая и душевые. Кроме того, работников ждут широкие возможности для самореализации и **(9)** _____, так как новое оборудование и технологии **(10)** _____ приобретения более сложных умений и знаний.
Новый завод, построенный по современным европейским стандартам, позволит не только **(11)** _____ объёмы производства с 1200 до 2000 единиц, но и значительно **(12)** _____ технологичность производства.

10. Проверим себя

1. а) приняли участие
   б) принимают участие
   в) примут участие

2. а) ближайший
   б) высочайший
   в) крупнейший

3. а) была создана
   б) было основано
   в) был образован

4. а) занимающий
   б) находящийся
   в) ведущий

5. а) вышло
   б) вошло
   в) ушло

6. а) начал
   б) начался
   в) началось

7. а) образования
   б) оборота
   в) оборудования

8. а) удобства
   б) условия
   в) умения

9. а) развития
   б) повышения
   в) падения

10. а) должны
    б) требуют
    в) нужны

11. а) понизить
    б) увеличить
    в) улучшить

12. а) уменьшить
    б) установить
    в) повысить

3. Замените предложения со словом *который* на причастный оборот (Partizipialkonstruktion).

1) Компания ООО «Хольцкёниг», которая была создана в 1901 году, начиналась с небольшой мебельной фабрики.

2) Мебель, которую выпускает эта фабрика, пользуется спросом на европейском рынке.

3) Фирма «Виктория-Тревел», которая работала только на российских направлениях, расширяет спектр своих услуг.

4) Российские компании, которые производят продукты питания, получают новые стимулы для развития бизнеса на внутреннем рынке.

5) Молодые люди, которые оканчивают школу в этом году, получат полную информацию о вузах России на выставке «Карьера. XXI век».

6) На выставке «Мир путешествий», которая проходит в Казани, представлены российские и зарубежные турфирмы.

7) Предложение о сотрудничестве, которое приняла наша фирма, даст нам возможность расширить производство.

8) Ярмарка «Книги России», которая уже стала традиционной, приглашает читателей на встречи с известными писателями.

9) Каталог, который мы направляем вам, содержит полную информацию о нашей продукции.

10) Договор, который мы вчера подписали, гарантирует нам предоставление технического обслуживания в течение 3 лет.

4. Дополните описания графиков, вставив подходящие слова. Не забудьте поставить глаголы в правильную форму.

уменьшиться · измениться
составить · достичь · расти

Перевозки пассажиров между Россией и странами СНГ (в млн человек)

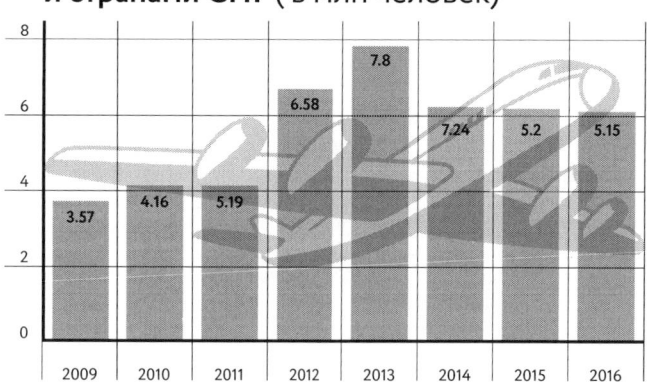

а) С 2009 года по 2013 год объём перевозок пассажиров между Россией и странами СНГ постоянно _____.
В 2013 году он _____ своего пика и _____ 7,8 миллионов человек. В 2014 году количество пассажиров незначительно _____ и практически не _____ в 2016 году.

стабильно · медленно · резко
приблизительно · постоянно

б) За последние два с половиной века численность населения в мире _____ растёт. Начиная с XX века, население Земли _____ выросло. При этом прирост происходит, в основном, за счёт азиатского материка. Здесь, начиная с 1950 года, количество жителей _____ увеличивается за каждое десятилетие _____ на миллиард человек. С 60-х годов прошлого столетия темпы роста европейского населения _____ снижаются, и, начиная с 2020 года, прогнозируется негативная тенденция.

Рост численности мирового населения (в млн человек)

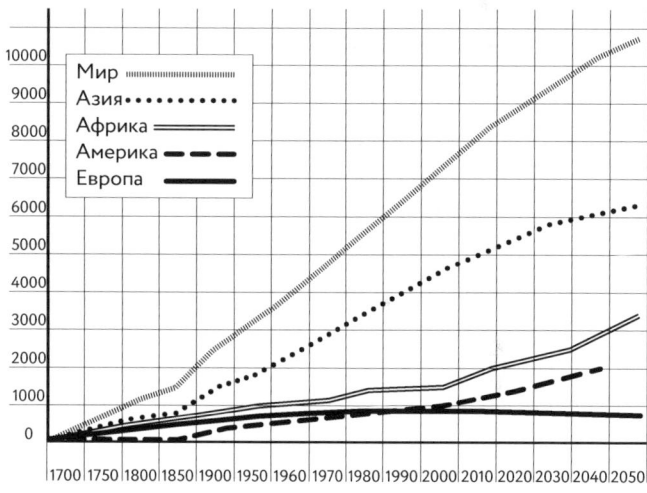

плюс · рост · увеличение · пик
динамика · снижение · стоимость

в) За 2014 – 2015 годы розничная _____ новых автомобилей в России увеличилась на 25%. Так, в 2014 году шло _____ цен на автомобили, а их основной _____ наблюдался в период с декабря 2014 года по февраль 2015. При этом _____ роста цен был зафиксирован в январе (+7,7%). С марта по июнь 2015 года наблюдалось небольшое _____ цен на автомобили, но в июле 2015 года стоимость новых автомобилей опять пошла вверх. За первые две декады этого месяца _____ роста цен – снова со знаком _____ (+1,2%).

Динамика цен на легковые автомобили

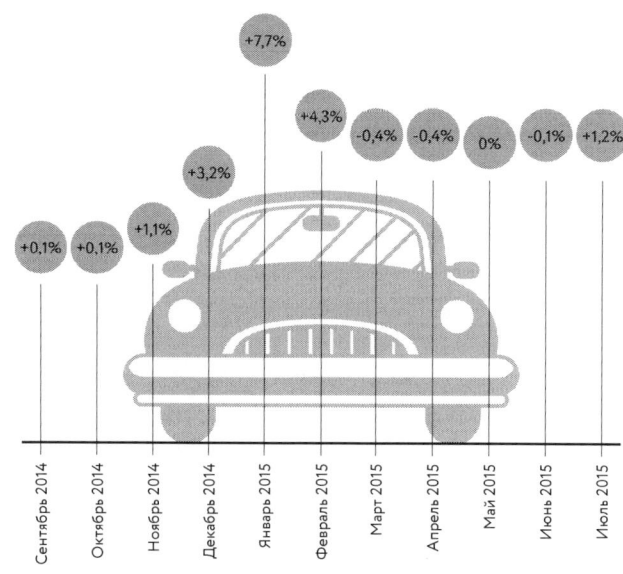

10. Проверим себя

Как мы умеем понимать прочитанное

5. Прочитайте текст и выполните задание.

ВЫСШЕЕ ОБРАЗОВАНИЕ: А ОНО НАМ НАДО?

В последнее время стало модно говорить о том, что высшее образование человеку не нужно. В России активно идут разговоры, что юристов, экономистов и других дипломированных специалистов слишком много.

Молодые люди тоже ищут ответ на вопрос: «Нужен мне университет или нет? Пять лет учиться! Что я в этом вузе забыл?» Многие думают: «Книги я и дома могу прочитать. Да и Интернет, слава богу, есть. Сам найду то, что мне надо. Все нужные знания на практике получу, когда работать начну».

Лично я уверена – высшее образование нужно! Несмотря даже на то, что окончила я юридический факультет и никогда по специальности не работала.

Во-первых, университет, на мой взгляд, – это мост между школьным детством и «рабочей» взрослой жизнью. Ты уже студент. Родители не контролируют, ходишь ли ты на учёбу, не спрашивают, сделал ли ты домашнее задание. Преподаватели с тобой говорят не так, как учителя в школе, и ты сам можешь делать выбор – ходить на семинары и сдавать экзамены без проблем, или не ходить на лекции и семинары, а потом, как в анекдоте, за 3 ночи изучить китайский язык.

Как правило, ты не хочешь терять время и ещё студентом начинаешь немного подрабатывать. Конечно, студент не получает больших денег, но на дискотеки и «Макдоналдс» у тебя уже есть свои «финансы»!

Но ты ещё не совсем взрослый. Потому что университет – это не свободное плавание, а регламентированный процесс, в котором многие вопросы давно уже решили другие. Поэтому пять лет студенческой жизни – это переход: из детства в самостоятельную жизнь. И за это время ты всё дальше уходишь от школярства, начинаешь решать серьёзные проблемы, анализировать жизнь, делать свой выбор. Мне кажется, это очень помогает в процессе жизни.

Во-вторых, учёба в вузе – это хорошая гимнастика для головы. Да, конечно, в университетах и институтах не всегда преподают только то, что потом будет нужно. Но человеческая память выбирает: в голове остаётся то, что тебе интересно и важно. И, если подумать, многие ли люди самостоятельно прочитают столько книг, сколько надо прочитать за 5 лет в вузе? А студент хочет или не хочет, а читать должен! И мир он потом видит лучше и анализирует его глубже.

В-третьих, в университете ты учишься работать в экстремальной стрессовой ситуации: как написать дипломную работу за месяц, как из учебника, в котором 700 страниц, за ночь выбрать главное и запомнить. И многое, многое другое…

Итак, я считаю, что вуз – это уменьшенная модель взрослой жизни. Той жизни, которая начинается, когда мы устраиваемся на работу. И я понимаю тех, кто предпочитает входить в неё не ребёнком, а человеком с багажом опыта. Вуз, по-моему, и даёт такой опыт!

Найдите в тексте аргументы, подтверждающие следующие тезисы.
1) Университет – это переходный этап в жизни человека.
2) Читая специальную литературу, студенты расширяют свой умственный горизонт.
3) Учёба даёт не только знания, но и развивает компетенции, нужные для самостоятельной жизни.
4) В университете учишься находить выход из любой трудной ситуации.

6. Прочитайте статью из журнала «ЕВРОКОНТАКТ» и выполните задание.

РЕЗУЛЬТАТИВНОЕ ОБЩЕНИЕ НА ВЫСТАВКЕ – ЗАЛОГ УСПЕХА

Любая форма общения на выставке – это одновременно презентация и вашей фирмы, и вашей торговой марки, и ваших продуктов. Общаясь на выставке, можно получить или передать информацию, найти или потерять клиента.

Как показывает практика, для того, чтобы деловое общение было успешным, необходимо уметь и знать,
– что говорить (достоинства / преимущества вашего продукта);
– кому говорить (особенности целевой группы);
– как говорить (аргументы, которые могут убедить целевую группу).).

Результативное общение на выставке – вот цель участия в выставочных мероприятиях. Самый оригинальный красивый большой стенд не работает без эффективной коммуникации между людьми. Для успешного диалога на выставке вы должны решить, как наиболее выгодно рассказать о фирме и ваших продуктах. При этом вам надо ясно видеть ваш продукт глазами потенциального покупателя. Вам надо знать, в чём особенность вашего продукта, какая от него конкретная польза и выгода, дешевле или дороже ваш продукт и чем он отличается от продукции конкурентов. Продумайте заранее, какие аргументы будут для конкретной целевой группы наиболее важны, что лучше запомнят ваши будущие клиенты, каким должен быть тон и атмосфера общения.

Эффективная коммуникация на выставках даёт реальные результаты. Если контакт был успешным, то формируются отношения делового партнёрства и условия для долговременного сотрудничества.

Продолжите предложения.

1) По мнению автора статьи, общение на выставке – это не только презентация фирмы, но и _____

2) Чтобы деловое общение было эффективным, нужно задать себе три основных вопроса: _____

3) Основные характеристики продукта, которые обязательно должны войти в презентацию, это _____

4) Важно знать особенности целевой группы, так как _____

5) На целевую группу можно повлиять следующим образом: _____

7. Прочитайте деловые письма и выберите правильные варианты.

a)
Wesero Hightec GmbH
Am Leveloh 28, 45549 Sprockhövel, Deutschland
E-Mail: info@wesero.com

«МС-ГРУП»
603086, г. Нижний Новгород, ул. Бетанкура, 2

29 апреля 20… г.

Уважаемые господа!

С благодарностью подтверждаем получение Вашего запроса от 27 апреля сего года на поставку шлифовальных станков TS/2-300 (5 шт.).

Можем предложить Вам этот товар на следующих условиях:
– доставка – фрахт/перевозка оплачены до границы;
– упаковка – бесплатно;
– оплата безотзывным аккредитивом.

10. Проверим себя

> Будем благодарны за Ваш заказ. Со своей стороны обещаем своевременное и качественное гарантийное обслуживание наших станков.
> Приложение: техническое описание (1 экз.)
> С уважением,
> Эльке Хубер
> менеджер по продажам

1) Письмо представляет собой…
   а) сообщение.
   б) претензию.
   в) заказ.
   г) ответ на запрос.

2) В письме сообщается, что фирма Wesero Hightec…
   а) получила заказ от компании «МС-ГРУП».
   б) предлагает товар на условиях CPT (Carriage paid to).
   в) поставила станки TS/2-300 компании «МС-ГРУП».
   г) не предоставляет гарантийное обслуживание.

> **б)**
> Greenmoon AG
> Seestraße 319 B
> 8804 Au (ZH) Schweiz
>
> Дом обуви «Гранд»
> Россия, г. Саратов, ул. Московская, д 115
>
> 13 марта 20…г.
>
> Уважаемый господин Сапожников!
> Благодарим Вас за проявленный интерес к нашей продукции.
> К сожалению, должны Вам сообщить, что, учитывая потребности современного рынка, мы больше не производим интересующую вас модель женской обуви.
> Направляем иллюстрированный каталог, в котором Вы найдёте подробное описание товаров, выпускаемых нами в настоящее время. Просим сообщить нам, какие модели Вас заинтересовали. С радостью вышлем Вам образцы товаров.
> Если Вас заинтересовало наше предложение, мы готовы встретиться с Вами для обсуждения условий контракта (сроки поставки, стоимость, условия оплаты и транспортировки).
> Приложение: каталог (2 экз.)
> С уважением,
> Андреас Бруннер
> менеджер по продажам

1) Из письма следует, что фирма Greenmoon…
   а) больше не выпускает женскую обувь.
   б) не высылает образцы товаров.
   в) быстро реагирует на изменяющийся спрос.
   г) готова поставить потенциальным клиентам модель, которую они заказали.

2) В письме подтверждается…
   а) срок отправки товара.
   б) получение двух экземпляров каталога.
   в) готовность к сотрудничеству.
   г) назначенная встреча.

в)

```
                        АО «Профкурорт»
              г. Москва, Ленинский проспект, д. 42
                 эл. почта: profkurort@profkurort.ru
Unbescheiden GmbH
Ruhrstraße 6
76532 Baden-Baden
E-Mail: info@unbescheiden.com
                                               21 февраля 20... г.
                    Уважаемая госпожа Вильке!
Благодарим Вас за присланное в наш адрес коммерческое предложение.
Мы внимательно изучили всю предоставленную в нём информацию о Вашем оборудовании для плавательных бассейнов.
Должны сообщить, что цены на интересующие нас водные аттракционы, такие как каскады, массажные станции и гейзеры, нам кажутся завышенными. Насколько нам известно, аналогичное оборудование от других производителей намного дешевле.
Просим Вас сообщить, готовы ли Вы пойти нам навстречу в вопросе корректировки стоимости названного выше оборудования и услуг по его установке.
Надеемся на возможность взаимовыгодного сотрудничества с Вами.
С уважением,
В.В. Рыбаков
коммерческий директор АО «Профкурорт»
```

1) Письмо является…
   а) предложением.
   б) ответом на предложение.
   в) приглашением.
   г) ответом на запрос.

2) Коммерческий директор российской фирмы…
   а) предлагает обсудить пакет услуг германской фирмы.
   б) планирует встретиться с другими производителями аналогичного оборудования.
   в) ожидает, что фирма Unbescheiden снизит цены на интересующее его оборудование.
   г) не собирается сотрудничать с фирмой Unbescheiden.

Как мы умеем писать по-русски

8. Напишите ответ от имени госпожи Вильке (см. задание 7 в).

▸ Укажите адрес отправителя, адрес получателя и дату отправления письма.
▸ В основной части письма
  ▸ обратитесь к адресату;
  ▸ поблагодарите за интерес к вашей продукции;
  ▸ подчеркните преимущества вашего оборудования (известная марка, высокое качество, гарантийное обслуживание);
  ▸ назовите условия предоставления скидки покупателем;
  ▸ выразите вашу заинтересованность в продвижении товаров вашей фирмы на российский рынок.
▸ Закончите письмо формулой речевого этикета.

10. Проверим себя

9. Заполните анкету.

Ситуация: После окончания университета вы хотите приобрести опыт работы в России. Друзья посоветовали вам обратиться в кадровое агентство «Элита-Персонал».

АНКЕТА КАНДИДАТА
КАДРОВОЕ АГЕНТСТВО «ЭЛИТА-ПЕРСОНАЛ»

ФИО _____

Дата рождения _____ Возраст _____

Адрес _____

Семейное положение _____ дети _____

Телефон: домашний _____ рабочий _____ мобильный _____

Паспортные данные: номер _____ выдан _____

ОБРАЗОВАНИЕ: среднее   неоконченное высшее   высшее

Год поступления и окончания	Полное наименование заведения Факультет (отделение)	Специальность Квалификация

ДОПОЛНИТЕЛЬНОЕ ОБРАЗОВАНИЕ (курсы, семинары, тренинги и т.д.)

Время прохождения	Наименование	Название организации

Дополнительные навыки:
ПК (название программ) _____
Иностранные языки, степень владения _____

Наличие автомобиля _____ Водительские права _____ Опыт вождения _____

ОПЫТ РАБОТЫ

Начиная с последнего, укажите реальный опыт работы, полное название организации. Укажите в обратном хронологическом порядке три должности, которые Вы занимали в последнее время.

Дата устройства / увольнения	Название организации Профиль деятельности	Должность Должностные обязанности (описание работы)

Ваши родственники (ФИО, образование, дата рождения, место работы в настоящее время)

Мать _____

Отец _____

Муж / жена _____

Ваши качества характера

Положительные:

_____
_____

Отрицательные:

_____
_____

Ваши интересы

_____
_____

Дата заполнения _____
Подпись _____

Кадровое Агентство «Элита-Персонал» не гарантирует Вам 100% трудоустройства, все зависит от Вашего профессионализма, личных качеств и спроса на специалистов Вашей квалификации.

10. **Напишите ваше резюме.**

    Ситуация: кадровое агентство «Элита-Персонал» нашло для вас вакансию. Теперь вам необходимо подготовить резюме на русском языке.

    Не забудьте указать
    - ваше полное имя;
    - цель резюме;
    - свои персональные данные;
    - образование (название вуза, год поступления и окончания, специальность);
    - опыт работы (начиная с последнего места работы) с указанием должностных обязанностей;
    - дополнительные знания и умения:
      - владение компьютерными программами,
      - иностранные языки и степень владения ими,
      - водительские права и опыт вождения;
    - личные качества;
    - желаемую заработную плату.

Грамматический комментарий

LEKTION 1
IN DIESER LEKTION HABEN SIE DURCH PRAKTISCHE ÜBUNGEN FOLGENDES ERLERNT.

Bewegungsverben mit dem Präfix по-
Die zielgerichteten Verben **идти** und **ехать** sind unvollendet. Das vollendete Verb wird durch Präfigierung mithilfe des Präfixes **по**- gebildet: идти/пойти, ехать/поехать.
Bewegungsverben mit dem Präfix по- bezeichnen
▷ den Anfang einer Fortbewegung in einer bestimmten Richtung: Дети пошли в парк. Андрей поехал на дачу.
▷ Pläne: – Какие у тебя планы на завтра? – Утром я пойду на работу, с работы пойду в фитнес-клуб.
▷ einen Wunsch, eine Absicht oder Möglichkeit einer Fortbewegung, wenn sie mit den Verben хотеть, мочь verwendet werden: Ты хочешь пойти в кино? Я могу поехать с тобой на выставку.

Deklination der Substantive, Adjektive und Pronomen im Dativ, Instrumental, Präpositiv Plural
Im Dativ, Instrumental und Präpositiv Plural unterscheidet man nicht nach Geschlecht: alle drei Geschlechter haben dieselben Endungen. Allerdings gibt es verschiedene Endungen je nach Stammauslaut.

Substantive

Fall	nach hartem Stammauslaut	nach weichem Stammauslaut
Dativ (3. Fall)	-ам ▷ цвет**ам**	-ям ▷ автомобил**ям**
Instrumental (5. Fall)	-ами ▷ цвет**ами**	-ями ▷ автомобил**ями**
Präpositiv (6. Fall)	-ах ▷ о цвет**ах**	-ях ▷ об автомобил**ях**

Beachten Sie die unregelmäßigen Formen: людьми, детьми.

Adjektive

Fall	nach hartem Stammauslaut	nach weichem Stammauslaut
Dativ (3. Fall)	-ым ▷ красив**ым** (цветам)	-им ▷ син**им** (автомобилям)
Instrumental (5. Fall)	-ыми ▷ красив**ыми** (цветами)	-ими ▷ син**ими** (автомобилями)
Präpositiv (6. Fall)	-ых ▷ о красив**ых** (цветах)	-их ▷ о син**их** (автомобилях)

Beachten Sie, dass man nach **к, г, х, ж, ш, ч, щ** immer **и** schreibt.

Alle Demonstrativ- und Possessivpronomen bekommen dieselben Endungen wie Adjektive nach weichem Stammauslaut: эт**им**/мо**им**/наш**им** (коллегам); эт**ими**/мо**ими**/наш**ими** (коллегами); об эт**их**/мо**их**/наш**их** (коллегах).

Funktionen des Dativs und des Präpositivs
Der **Dativ** wird verwendet
▷ ohne Präposition zur Bezeichnung eines Adressaten nach den Verben давать/дать, купить/покупать, дарить/подарить, советовать/посоветовать, предлагать/предложить: Я подарил друзьям сувениры. Мы предлагаем клиентам новые туры.
▷ in der Konstruktion надо/нужно + Infinitiv zur Bezeichnung einer Person, die etwas tun muss bzw. soll: Мне надо забронировать номера в гостинице. Моим коллегам надо организовать встречу в аэропорту.
▷ mit der Präposition **по** zur Bezeichnung der Zeit einer wiederholten Handlung: По пятницам мы играем в футбол.
▷ mit der Präposition **по** zur Bezeichnung des Ortes einer nicht zielgerichteten Bewegung: Вчера мы с подругой целый день ходили по магазинам.

Der **Präpositiv** wird zur Bezeichnung eines Rede- und Denkobjekts verwendet: На совещании говорили о наших отличных результатах. Моя сестра мечтает о семье и детях.

Datumsangabe
Bei der Datumsangabe steht das Ordnungszahlwort im Nominativ in der neutralen Form, weil es sich auf das Neutrum число bezieht. Der Monatsname steht im Genitiv:
– Как**ое** сегодня числ**о**?
– Сегодня пят**ое** мая.

Die Verben зарезервировать, забронировать, заказать, запланировать werden oft mit der Datumsangabe verwendet und verlangen den Akkusativ mit Präposition **на**:
– На какое число вы запланировали командировку?
– На двадцать первое сентября.

Zielgerichtete und nicht zielgerichtete Bewegungsverben
Im Russischen werden die Verben **идти** und **ехать** den Verben **ходить** und **ездить** gegenübergestellt. **Идти** und **ехать** bezeichnen eine Bewegung zu einem bestimmten Ziel nur in eine Richtung; **ходить** und **ездить** bezeichnen eine wiederholte Bewegung sowie eine Bewegung in verschiedene Richtungen:
– Куда ты идёшь?
– Я иду в бассейн. Я каждое утро хожу в бассейн.
– Куда ты едешь так рано?
– Я еду в университет. По понедельникам я всегда езжу на лекции рано утром.

Die Verben идти/пойти, ходить sowie ехать/поехать, ездить verlangen eine Richtungsangabe im Akkusativ (куда?) mit den Präpositionen **в/на** oder im Genitiv (откуда?) mit den Präpositionen **из/с.**

Bei einer Bewegung in verschiedene Richtungen können die Verben **ходить** und **ездить** mit der Präposition **по** mit Dativ verwendet werden: Туристы долго ходили по центру города. Дети ездят по парку на велосипедах.

LEKTION 2
IN DIESER LEKTION HABEN SIE DURCH PRAKTISCHE ÜBUNGEN FOLGENDES ERLERNT.

Verben ходить und ездить im Präteritum

Die Verben **ходить** und **ездить** im Präteritum bezeichnen die Hin- und Rückbewegung mit Angabe des Aufenthaltsortes und können dem Verb **быть** im Präteritum gleichgestellt werden: Я ходила в университет на лекцию. = Я была в университете на лекции.
Я ездил в Хорватию на море. = Я был в Хорватии на море.
Beachten Sie, dass nach dem Verb **быть** zur Angabe des Ortes der Präpositiv verwendet wird. Nach den Verben **ходить** und **ездить** wird zur Angabe der Richtung der Bewegung der Akkusativ verwendet. Wird eine Person als Zielobjekt angegeben, wird nach Verben **ходить** und **ездить** der Dativ mit der Präposition к und nach dem Verb **быть** – der Genitiv mit der Präposition у verwendet: Я ходил к врачу. = Я был у врача.

Verb болеть/заболеть

Das Verb болеть/заболеть hat zwei Bedeutungen:

▶ „wehtun": У меня болит рука. У него болят глаза. In dieser Bedeutung wird das Verb nur in der 3. Person verwendet und wird nach **и**-Konjugation konjugiert.

я --------------	мы --------------
ты --------------	вы --------------
он(а) (за)болит	они (за)болят
Präteritum: заболел, -а, -и	Imperativ: --------------

▶ „krank sein", „erkranken": Я болею. Моя коллега заболела. In dieser Bedeutung hat das Verb alle persönlichen Formen und wird nach der e-Konjugation konjugiert.

я (за)болею	мы (за)болеем
ты (за)болеешь	вы (за)болеете
он(а) (за)болеет	они (за)болеют
Präteritum: заболел, -а, -и	Imperativ: Не (за)болей(те)!

Dativ

Der **Dativ** wird zur Bezeichnung des Subjektes verwendet, das einen bestimmten Zustand hat: Мне холодно. Дедушке плохо. Детям весело.

Der einfache Komparativ

Der einfache Komparativ der Adjektive und Adverbien wird meistens mithilfe des Suffixes **-ее** gebildet: интересн-ый, интересн-о → интересн**ее**; сильн-ый, сильн-о → сильн**ее**. Einige Adjektive bilden den Komparativ unregelmäßig auf **-е** und mit Konsonantenwechsel:

▶ **г, д, з → ж:** низкий, низко → ниже
▶ **к, т → ч:** громкий, громко → громче
▶ **х → ш:** тихий, тихо → тише

Beachten Sie besondere Fälle: хороший, хорошо → лучше, плохой, плохо → хуже, большой, много → больше, маленький, мало → меньше

Negativpronomen

Negativpronomen werden von Fragepronomen mithilfe der Partikel **ни-** abgeleitet:
кто → никто, что → ничто, где → нигде, куда → никуда, когда → никогда, какие → никакие.

Beachten Sie, dass die Form ничто sehr selten gebraucht wird; im modernen Sprachgebrauch wird stattdessen ничего (Genitivform von ничто) verwendet:
– Что у вас болит? – Ничего не болит.
Bei allen Verneinungen muss auch das Verb zusätzlich mit **не** verneint werden:
Никто не звонит, никто ничего не спрашивает.
Werden Negativpronomen mit einer Präposition verwendet, so steht diese zwischen **ни** und dem Pronomen: Я ни с кем не разговаривал.

Genitiv
Der Genitiv wird zur Bezeichnung des Nichtvorhandenseins bzw. der Abwesenheit verwendet:
У меня нет зелёного чая. В холодильнике не было минеральной воды.
У меня нет сестры. Директора не будет на месте. Врачей не было в кабинете.

Beachten Sie, dass in dieser Konstruktion die Formen **не было** und **не будет** weder nach Zahl, noch nach Person und Geschlecht verändert werden.

Im **Genitiv Plural** haben **Substantive** folgende Endungen:
- Maskulina
  - **-ов** nach hartem Stammauslaut (außer nach ж, ш): час → часов, градус → градусов, студент → студентов
  - **-ев** wenn das Wort auf **й** endet bzw. auf **ц**, wenn die Endung unbetont ist: музей → музеев, месяц → ме́сяцев
  - **-ей** wenn das Wort auf **ь, ж, ш, ч, щ** endet: словарь → словарей, день → дней*, гараж → гаражей, врач → врачей
- Feminina
  - **keine Endung,** wenn das Wort auf **-а, -я** endet: минута → минут, тысяча → тысяч, студентка → студенток*, девушка → девушек*
  - **-ей,** wenn das Wort auf **ь** endet: площадь → площадей, ночь → ночей, мать → матерей, дочь → дочерей
  - **-ий,** wenn das Wort auf **-ия** endet: станция → станций, компания → компаний
- Neutra
  - **keine Endung,** wenn das Wort auf **-о** endet: вино → вин, место → мест, письмо → пис**е**м*
  - **-ей,** wenn das Wort auf **-е** endet: море → морей
  - **-ий,** wenn das Wort auf **-ие** endet: здание → зданий

*Beachten Sie, dass in manchen Wörtern im Genitiv **о** und **е** eingeschoben werden bzw. sie verschwinden.

Beachten Sie unregelmäßige Formen im Genitiv Plural: брат → братьев, сын → сыновей, друг → друзей, раз → раз, год → лет, деньги → денег.

Pronomen-Adjektiv-Block im Genitiv Plural
Im Genitiv Plural unterscheidet man nicht nach Geschlecht, alle drei Geschlechter haben dieselben Endungen:
- Adjektive
  - **-ых** nach hartem Stammauslaut: шоколадн**ых** (конфет), молод**ых** (людей)
  - **-их** nach weichem Stammauslaut und nach **к, г, х, ж, ш, ч, щ**: свеж**их** (фруктов), хорош**их** (друзей)
- Alle Demonstrativ- und Possessivpronomen bekommen Endungen **-их**: эт**их** / мо**их** / наш**их** (знакомых)

Грамматический комментарий

Akkusativ
Im Akkusativ Plural haben alle belebten Substantive dieselben Endungen wie im Genitiv Plural; dasselbe betrifft auch die dazugehörenden Pronomen und Adjektive:
Я пригласил на день рождения моих братьев, сестёр, хороших друзей и знакомых, коллег и деловых партнёров.
Nicht belebte Substantive haben im Akkusativ Plural dieselben Endungen wie im Nominativ Plural.

Datumsangabe
Bei der Antwort der Frage **когда?** zur Angabe des Datums eines Ereignisses steht sowohl das Ordnungszahlwort als auch der Monatsname im Genitiv:
– Когда / как**ого** числ**а** вы отправите товар?
– Тридцат**ого** август**а**.

Bewegungsverben mit Präfix при-
Die unvollendeten Verben идти, ехать, лететь werden durch Präfigierung mithilfe des Präfixes **при-** vollendet und bekommen die Bedeutung „am Zielort ankommen":
Он приехал в Москву. (Он сейчас в Москве.)
Я приду на работу в 9 часов. (Я буду на работе в 9 часов.)

LEKTION 3
IN DIESER LEKTION HABEN SIE DURCH PRAKTISCHE ÜBUNGEN FOLGENDES ERLERNT.

Reflexives Possessivpronomen свой
Das reflexive Possessivpronomen свой bedeutet „eigener" und wird wie Possessivpronomen мой, твой dekliniert.

Я делаю
Ты делаешь
Он(а) делает   свою работу.
Мы делаем
Вы делаете
Они делают

Genitiv nach Grundzahlwörtern und den Wörtern сколько, много, мало
Die **Grundzahlwörter** verlangen folgende Fälle:
▸ 1; 21; 31…   → Nom. Sg.: один этаж, одно окно, одна комната
▸ 2, 3, 4; 22, 23, 24; 32, 33, 34… → Gen. Sg.: два этажа, два окна, две комнаты
▸ 0; 5 – 20; 25 – 35; 35 – 40… → Gen. Pl.: пять этажей, пять окон, пять комнат

Die Wörter **сколько, много, мало** verlangen Genitiv Plural: много цветов, мало шкафов, сколько окон.
Ausnahmen bilden Wörter, die nur im Singular verwendet werden: много бытовой техники, мало мебели.

Beachten Sie, dass Pronomen und Adjektive, die sich auf Maskulina und Neutra beziehen, auch nach Zahlwörtern 2, 3, 4 im Plural stehen:
2, 3, 4 квадратн**ых** метра; 5, 6… 20 квадратн**ых** метров
2, 3, 4 эт**их** больш**их** окна; 5, 6… 20 эт**их** больш**их** окон
Pronomen und Adjektive, die sich auf Feminina beziehen, stehen nach Zahlwörtern 2, 3, 4 meistens im Nominativ Plural, können aber auch im Genitiv Plural stehen:
2 (две), 3, 4 наш**и** больш**ие** комнаты oder 2 (две), 3, 4 наш**их** больш**их** комнаты; 5, 6… 20 наш**их** больш**их** комнат.

Bewegungsverben нести und везти

Die Bewegungsverben **нести** und **везти** sind zielgerichtet. Sie können mit den Verben идти und ехать verglichen werden. So wie das Verb идти ausschließlich eine Fortbewegung zu Fuß bezeichnet, bedeutet auch нести „zu Fuß gehen und tragen". Das Verb ехать bezeichnet ausschließlich eine Fortbewegung mit einem Transportmittel und везти bedeutet „fahrend transportieren". Beide Verben **нести** und **везти** sind transitiv (d.h. verlangen ein Objekt im Akkusativ ohne Präposition) und können eine Richtungsangabe im Akkusativ (wohin?) oder im Genitiv (woher?) verlangen.

Die unvollendeten Verben **нести** und **везти** werden durch Präfigierung mithilfe des Präfixes **при-** vollendet und bekommen die Bedeutung „an den Zielort bringen, transportieren":

Я принесла домой продукты из магазина. Они привезли в офис новые компьютеры.

Bewegungsverben mit Präfix пере-

Durch Präfigierung mithilfe des Präfixes **пере-** werden Verben идти, ехать, нести und везти ebenso vollendet und bekommen eine neue Bedeutung: перейти (überqueren), переехать (umziehen), перенести, перевезти (hinüberbringen).

Вам надо перейти улицу.
Мы переедем на новую квартиру.
Этот стол мы перенесём в другую комнату.
Фирма перевезёт нашу мебель.

Präfigierte Bewegungsverben

Durch die Präfigierung werden zielgerichtete Bewegungsverben vollendet: идти → **прийти, перейти, войти, выйти**. Nicht zielgerichtete Bewegungsverben bleiben unvollendet, wenn sie präfigiert werden: **ходить → приходить, переходить, входить, выходить.** Auf diese Weise entstehen Aspektpaare: приходить/прийти, переходить/перейти, входить/войти, выходить/выйти.

▶ Unvollendete Verben werden im Präsens, Präteritum und Futur verwendet:
  ➢ Студенты **выходят** из аудитории.
  ➢ – Когда студенты **будут выходить** из аудитории?
    – Только тогда, когда закончится экзамен.
  ➢ Я увидел тебя, когда ты **выходила** из университета.
▶ Vollendete Verben werden im Präteritum und Futur verwendet:
  ➢ Студенты **выйдут** из аудитории только тогда, когда напишут экзамен.
  ➢ Студенты сразу после экзамена **вышли** из аудитории.

Gebrauch der Aspekte mit Modalverben und Modalwörtern

Bei einmaliger Handlung werden in bejahenden Aussagesätzen mit Modalverben bzw. Modalwörtern vollendete Verben und in verneinenden Aussagesätzen unvollendete Verben verwendet. Vergleichen Sie:

Я **хочу прочитать** эту книгу.	Я **не хочу читать** эту книгу.
Это хорошая и недорогая квартира, её **стоит купить.**	Это плохая и дорогая квартира, её **не стоит покупать.**
Ты летишь в командировку, поэтому тебе **надо заказать** билеты.	Ты не летишь в командировку, поэтому тебе **не надо заказывать** билеты.

Finalsätze

Finalsätze sind Nebensätze, die die Absicht oder den Zweck der Aussage im Hauptsatz nennen.
Sie können durch die Konjunktion **чтобы** (um zu) eingeleitet werden:
Я звоню, чтобы уточнить сроки поставки.

Konjunktionen же und Partikel ведь, же

Die Konjunktion **же** wird zur Gegenüberstellung einer Information zu einer anderen Information verwendet: Раньше я был в России только в командировках и жил в гостиницах. Теперь **же** я буду постоянно жить в Москве.

Die Partikel **же** dient der emotionalen Betonung bzw. Hervorhebung einer Aussage: Ты **же** знаешь, что кошки ненавидят переезды.

Die Partikel **ведь** wird zur Begründung eines vorangegangenen Gedankens verwendet bzw. sie erklärt das vorher Gesagte: Мне очень важно твоё мнение – **ведь** ты москвич. Vergleichen Sie: Мне очень важно твоё мнение, **потому что** ты живёшь в Москве и знаешь ситуацию.

LEKTION 4
IN DIESER LEKTION HABEN SIE DURCH PRAKTISCHE ÜBUNGEN FOLGENDES ERLERNT.

Der zusammengesetzte Komparativ

Der zusammengesetzte Komparativ wird mithilfe der Wörter **более / менее** + Grundform des Adjektivs bzw. Adverb gebildet. Der Komparativ wird normalerweise mit Konjunktion чем verwendet:
Этот номер более удобный, чем тот номер. Эта фирма менее успешная, чем наша.
Die Wörter более / менее sind unveränderbar, das Adjektiv wird nach Kasus, Numerus und Genus verändert.

Demonstrativpronomen тот

Das Demonstrativpronomen **тот** (jener) verweist im Gegensatz zu **этот** (dieser) auf etwas (räumlich oder zeitlich) Entfernteres: Эта комната светлее, чем та.
Тот kann in Verbindung mit кто oder что auftreten, die Relativsätze einleiten:
Тот, кто ценит уют, выберет наш отель.
Наши гости довольны тем, что гостиница находится в центре.
На планёрке мы говорили о том, что нам надо сделать.

Zeitangabe mit с + Gen. до + Gen.

Die Grundzahlwörter werden im Russischen dekliniert. Der Genitiv ist neben dem Nominativ der häufigste Fall:

Nom.	**Gen.**
один	одного
два	двух
три	трёх
четыре	четырёх

Alle Grundzahlwörter auf **ь** bilden den Genitiv auf **-и**.

пять	пяти
шесть	шести
семь	семи
восемь	восьми
девять	девяти
десять	десяти
одиннадцать	одиннадцати
двенадцать	двенадцати
тринадцать	тринадцати
…	
двадцать	двадцати

Bei den Grundzahlwörtern, die aus zwei Teilen bestehen, werden beide Wörter dekliniert:

двадцать один	до двадцати одного
двадцать два	до двадцати двух
двадцать три	до двадцати трёх
двадцать четыре	до двадцати четырёх

Die Konstruktion с… до gibt ein Zeitintervall an. Die beiden Präposition verlangen den Genitiv, der dazugehörige Substantiv steht im Genitiv Plural:
Магазин открыт с девяти до девятнадцати часов.
Ausnahme: с часа (von ein Uhr) до часа (bis ein Uhr)

Bewegungsverben mit Präfix у-
Die unvollendeten Verben идти, ехать, лететь, нести und везти werden durch Präfigierung mithilfe des Präfixes **у-** vollendet und bekommen die Bedeutung „weggehen, wegfahren, wegfliegen, wegbringen":
Послезавтра я улечу во Франкфурт в командировку.
Завтра я унесу все книги в библиотеку.

Modalkonstruktion мне нужен + Nominativ
In der Modalkonstruktion **мне нужен** wird die Person, die etwas braucht, durch ein Substantiv bzw. Pronomen im Dativ ausgedrückt. Die benötigte bzw. nicht benötigte Sache oder Person wird durch ein Substantiv bzw. Pronomen im Nominativ ausgedrückt und stimmt mit der Kurzform des Adjektivs нужен in Numerus und Genus überein:
Мне нужна виза. Вам нужен одноместный номер.
Директору нужно такси. Туристам нужны рубли.

Partikel ли und разве
Die Partikel **ли** bedeutet „ob": Я хочу уточнить, возможно ли заказать трансфер в аэропорт.
Die Partikel **ли** dient daneben als Signal in einem Fragesatz ohne Fragewort: Можно ли забронировать номер по телефону?
Beachten Sie die Wortstellung: **ли** steht immer nach dem Kernwort in der Frage – wonach eigentlich gefragt wird. Dadurch wird dieses Wort hervorgehoben.

Die Partikel **разве** verleiht dem Satz eine Nuance des Erstaunens: Разве вы не знаете, что наша гостиница с завтраком?

LEKTION 6
IN DIESER LEKTION HABEN SIE DURCH PRAKTISCHE ÜBUNGEN FOLGENDES ERLERNT.

Zeitangaben
Im Unterschied zum Deutschen steht bei **Jahresangaben** eine Ordnungszahl, die mit dem Bezugswort год in Kasus, Numerus und Genus übereinstimmt: две тысячи шестнадцатый год.

Zur Angabe **des Jahrhunderts**, **des Jahres** und **des Monats** wird die Präposition **в** mit dem Präpositiv verwendet: в двадцать перв**ом** век**е**, в тысяча девятьсот девяносто восьм**ом** год**у**, в декабр**е**. Beachten Sie, dass das Wort **год** im Präpositiv die immer betonte Endung **-у** wie в сад**у**, в лес**у**, в аэропорт**у** bekommt.

Bei der Angabe **des genauen Datums** stehen das Ordnungszahlwort, der Monat und das Jahr im Genitiv: двенадцат**ого** апреля тысяча девятьсот шестьдесят перв**ого** год**а**.

Imperativ

Die Imperativformen der 2. Person Sg. und Pl. werden gebildet, indem man die Endung der 3. Person Plural wie folgt ersetzt:
▶ nach Vokal durch -й: посовету-ют → Посоветуй(те)!
▶ Nach Konsonant durch -и, wenn die 1. Person Sg. an der Endung betont ist oder auf mehrere Konsonanten auslautet: запомн-ят → Запомни(те)!
▶ Nach Konsonant durch -ь, wenn die 1. Person Sg. stammbetont ist: подгов-ят → Подготовь(те)!

Beachten Sie die Ausnahmen:
ехать → Поезжай(те)! уехать → Уезжай(те)! приехать → Приезжай(те)! слышать → Слушай(те)! видеть → Смотри(те)!

Der Imperativ der 1. Person Pl. wird mithilfe des Verbs **давай(те)** und des Infinitivs des unvollendeten Verbs, bzw. der 1. Person Plural des unvollendeten Verbs gebildet: Давайте говорить по-русски! Давайте поговорим завтра!
Der Imperativ mit давай(те) drückt die Aufforderung zur gemeinsamen Handlung auf.

Reflexive Verben

Die reflexiven Verben (Verben mit der Partikel -ся) werden in folgende Gruppen eingeteilt:
▶ eigentliche reflexive Verben (Subjekt = Objekt der Handlung): купаться, кататься
Дети купаются в море. Зимой мы катались на лыжах в Тироле.
▶ reziproke Verben (gegenseitige Handlung): знакомиться, встречаться, договариваться, советоваться, видеться
Я познакомилась с Мариной в Москве. Мы часто встречаемся. Вы договорились о встрече?
▶ indirekt reflexive Verben: готовиться, учиться, заниматься, собираться, родиться, стремиться
Я учусь в экономическом университете. Перед экзаменами мы много занимались.
▶ Phasenverben: начинаться, кончаться, продолжаться
Фильм начинается в 21 час, а кончается в 23 часа.
▶ Verben, die einen Zustand oder ein Gefühl ausdrücken: надеяться, волноваться, бояться, смеяться, улыбаться, удивляться, интересоваться, увлекаться, изменяться
Я удивляюсь тому, какой ты оптимист: всегда улыбаешься, никогда не волнуешься.

Die reflexiven Verben sind immer intransitiv, d.h. sie verlangen kein direktes Objekt, das im Akkusativ ohne Präposition steht: Лекция начинается в 9 часов.

Transitive Verben, die die Partikel -ся bekommen, werden intransitiv:
Президент открыл выставку. Выставка открылась.

Merken Sie sich die Verben, die immer reflexiv sind: бояться, казаться, надеяться, находиться, нравиться, ошибаться, смеяться, соглашаться, улыбаться.
Мне кажется, у неё прекрасный характер.
Нам нравится изучать русский язык.

Wunschsätze

In den Wunschsätzen werden oft folgende Verben verwendet: хотеть, (по)просить, (по)требовать, говорить /сказать, (по)советовать.

Haben Haupt- und Nebensatz dasselbe Subjekt, wird хотеть mit dem Infinitiv verwendet: Сын хочет поступить в медицинский университет, чтобы стать хирургом. Ассистент хочет позвонить в фирму «Свет», чтобы уточнить время презентации.

Haben Haupt- und Nebensatz unterschiedliche Subjekte, wird **чтобы** mit der Verbform auf -Л (Präteritum) verwendet: Отец хочет, чтобы сын поступи**л** в медицинский университет и ста**л** хирургом.
Менеджер хочет, чтобы ассистент позвони**л** в фирму «Свет» и уточни**л** время презентации.

Adverbialpartizipien

Die Adverbialpartizipien der **Gleichzeitigkeit** bezeichnen eine Nebenhandlung, die gleichzeitig zur Haupthandlung verläuft. Die Haupthandlung kann in der Gegenwart, Vergangenheit oder in der Zukunft verlaufen:

он мечтает о новой работе.
Получая небольшую зарплату, он мечтал о новой работе.
он будет мечтать о новой работе.

Die Adverbialpartizipien der Gleichzeitigkeit haben folgende Suffixe:
▶ **-я**: поступа**я**, оканчива**я**, готов**я**сь
▶ **-а**: (nach **ж, ш, ч, щ**): уч**а**сь, слыш**а**

Die Adverbialpartizipien der **Vorzeitigkeit** bezeichnen eine Nebenhandlung, die der Haupthandlung vorausgegangen ist. Die Haupthandlung kann in der Gegenwart, Vergangenheit oder in der Zukunft verlaufen:

она работает в крупной фирме.
Став хорошим специалистом, она работала в крупной фирме.
она будет работать в крупной фирме.

Die Adverbialpartizipien der Vorzeitigkeit haben folgende Suffixe:
▶ **-в**: сдела**в**, прочита**в**
▶ **-вши**: (nach Reflexivverben): верну**вши**сь

Partikel ли bei der indirekten Rede
Die Partikel **ли** wird bei der Wiedergabe der Fragen ohne Fragewort in der indirekten Rede verwendet:
– Вы владеете немецким языком? ⇝ Кандидата спросили, владеет ли он немецким языком.
– Вы пунктуальный человек? ⇝ Кандидата спросили, пунктуальный ли он человек.
Die Partikel ли steht nach dem Wort, nach dem gefragt wird.

LEKTION 7
IN DIESER LEKTION HABEN SIE DURCH PRAKTISCHE ÜBUNGEN FOLGENDES ERLERNT.

Zeitangabe mit с + Gen. ... по + Akk.
Die Konstruktion **с... по** gibt ein Zeitintervall an: **с** третьего **по** пятое мая, **с** понедельника **по** среду. Dabei bedeutet по „einschließlich des genannten Datums, bzw. Tags". Die Präposition **с** verlangt den Genitiv, und die Präposition **по** – den Akkusativ.

Indefinitpronomen mit -то, -нибудь
Indefinitpronomen verweisen auf eine Person oder Sache, über die der Sprecher seinen Gesprächspartner im Ungewissen lässt.

Indefinitpronomen mit **-то** werden verwendet, wenn eine Person oder Sache dem Sprecher unbekannt ist: Моя знакомая училась в каком-то экономическом университете в Англии (я не знаю, в каком университете).

Indefinitpronomen mit **-нибудь** werden verwendet, wenn eine Person oder Sache dem Sprecher gleichgültig ist:
– Где ты хочешь пообедать? / – Неважно где, где-нибудь.

Das Reziprokpronomen друг друга

Друг друга bedeutet „einander"; es wird nur der zweite Teil des Pronomens dekliniert. Wenn Präpositionen auftreten, stehen sie zwischen den beiden Wörtern: Мы часто ходим в гости друг к другу, много разговариваем друг с другом, думаем друг о друге.

Das Reflexivpronomen себя

Das Reflexivpronomen **себя** wird für alle Personen sowohl im Singular als auch im Plural verwendet. Es hat keine Form im Nominativ, in allen anderen Fällen wird es wie das Personalpronomen ты dekliniert. Я рассказал новым знакомым о себе. Когда вы пригласите нас к себе в гости?

Bewegungsverben mit Präfix за-

Die unvollendeten Verben идти und ехать werden durch Präfigierung mithilfe des Präfixes **за-** vollendet und bekommen die Bedeutung „vorbeikommen, um jemanden, bzw. eine Sache abzuholen":
Я зайду за тобой, и мы вместе пойдём на ярмарку.
Мне надо заехать на рынок за свежими фруктами.

Die Verben **зайти** und **заехать** werden mit der Präposition **за** + Instrumental verwendet und verlangen eine Richtungsangabe im Akkusativ (куда?) mit den Präpositionen **в/на** oder im Genitiv (откуда?) mit den Präpositionen **из/с**.

Aspektgebrauch im Imperativ

Generell verwendet man in den bejahenden Aufforderungssätzen meistens vollendete Verben und in den verneinenden Aufforderungssätzen – unvollendete Verben:
▸ Wenn das Interesse am Handlungsergebnis besteht, verwendet man Imperativformen des vollendeten Aspekts:
– **Принесите**, пожалуйста, туфли на размер больше!
▸ Wenn eine Handlung nicht erwünscht, bzw. nicht zweckmäßig ist, verwendet man verneinende Imperativformen des unvollendeten Aspekts:
– Принести вам красную куртку?
– Не надо, **не приносите**! Красный цвет мне не идёт.

Allerdings bestehen einige Ausnahmen von diesem Prinzip. Man verwendet Imperativformen des unvollendeten Aspekts in den folgenden Fällen:
▸ bei Einladung: Приходите в гости! Проходите! Приезжайте!
▸ Es liegt im Ermessen der aufgeforderten Person, ob sie der Aufforderung folgt:
Пишите! Звоните! Занимайтесь спортом!
▸ Die Handlung, zu der aufgefordert wird, hängt nicht vom Willen der aufgeforderten Person ab:
Выздоравливайте скорее!

Man verwendet Imperativformen des vollendeten Aspekts bei Warnung vor einem unerwünschten Geschehen: Не забудь взять зонтик! Не забудьте купить сувениры!

Kurzformen des Adjektivs мал, велик

Im Unterschied zu Langformen, treten die Kurzformen in der Regel in der Funktion des Verbs auf. Die Kurzformen stimmen mit dem Bezugswort im Numerus und im Singular im Genus überein.

Die Kurzformen der Adjektive большой и великий, маленький и малый stimmen überein:
большой ⇢ велик, велика, велико, велики (Bekleidungs- bzw. Schuhgröße)
великий ⇢ велик, велика, велико, велики (Taten oder Personen)
маленький / малый ⇢ мал, мала, мало, малы

Мал und велик haben eine andere Bedeutung als Langformen (большой, маленький): Sie drücken aus, dass die Kleidung, bzw. Schuhe einer bestimmten Person zu groß, bzw. zu klein sind.

Partizip Präsens und Präteritum Aktiv
Partizipien kommen meist in der Schriftsprache vor. Das Partizip bezeichnet ein Merkmal, das sich im Laufe der Zeit entwickelt, und besitzt sowohl Eigenschaften des Verbs als auch Eigenschaften des Adjektivs:
▶ Wie das Verb kann das Partizip im Präsens und Präteritum stehen, reflexiv, bzw. nicht reflexiv sein, transitiv, bzw. intransitiv sein;
▶ Wie das Adjektiv stimmt das Partizip mit seinem Bezugswort in Kasus, Numerus und Genus überein.

Das Partizip Präsens Aktiv wird nur von unvollendeten Verben vom Präsensstamm mithilfe der Suffixe **-ущ-** / **-ющ-** (Verben der е-Konjugation), bzw. **-ащ-** / **-ящ-** (Verben der и-Konjugation) gebildet:
чита**ют** ⇢ чита**ющ**ий, чита**ющ**ая, чита**ющ**ее, чита**ющ**ие
прохо**дят** ⇢ прохо**дящ**ий, прохо**дящ**ая, прохо**дящ**ее, прохо**дящ**ие

Das Partizip Präsens Aktiv entspricht dem Partizip I (Präsens) im Deutschen:
читающие студенты – lesende Studenten.

Das Partizip Präteritum Aktiv wird von unvollendeten und vollendeten Verben vom Infinitivstamm mithilfe der Suffixe **-вш-** (nach Vokal) / **-ш-** (nach Konsonant) gebildet:
жил ⇢ жи**вш**ий, жи**вш**ая, жи**вш**ее, жи**вш**ие
принёс ⇢ принёс**ш**ий, принёс**ш**ая, принёс**ш**ее, принёс**ш**ие

Das Partizip Präteritum Aktiv wird im Deutschen meistens durch einen Relativsatz im Aktiv wiedergegeben:
принёсший почту курьер – der Kurier, der die Post gebracht hat.

LEKTION 8
IN DIESER LEKTION HABEN SIE DURCH PRAKTISCHE ÜBUNGEN FOLGENDES ERLERNT.

Partizip Präteritum Passiv
Das Partizip Präteritum Passiv wird von vollendeten transitiven Verben mithilfe der Suffixe **-нн-**, **-енн-** / **-ённ-** sowie **-т-** (in besonderen Fällen) gebildet.
▶ Beim Stammauslaut auf -а wird das Partizip vom Infinitivstamm mithilfe des Suffixes **-нн-** gebildet:
созда-ть ⇢ созда**нн**ый, созда**нн**ая, созда**нн**ое, созда**нн**ые
▶ Bei einem anderen Stammauslaut ist ein zusätzlicher Schritt notwendig. Es wird zuerst die Präsensform der 1. Person gebildet. Vom Präsensstamm wird das Partizip mithilfe des Suffixes **-енн-** / **-ённ-** gebildet:
купи-ть ⇢ я купл-ю ⇢ купле**нн**ый, купле**нн**ая, купле**нн**ое, купле**нн**ые
построи-ть ⇢ я постро-ю ⇢ построе**нн**ый, построе**нн**ая, построе**нн**ое, построе**нн**ые
принес-ти ⇢ принес-у ⇢ принесё**нн**ый, принесё**нн**ая, принесё**нн**ое, принесё**нн**ые

Merken Sie sich die folgenden Formen mit **-т**: откры**т**ый, закры**т**ый, взя**т**ый, приня**т**ый, нача**т**ый.

Das Partizip Präteritum Passiv entspricht dem Partizip II (Präteritum) im Deutschen:
купленные товары – gekaufte Waren.

Das Partizip Passiv kann sowohl Lang- als auch Kurzformen haben. Kurzformen des Partizips stimmen mit dem Bezugswort im Numerus und im Singular im Genus überein: Банк был создан в 1991 году. Фирма была образована в 1907 году. Магазин открыт с 9 до 19 часов.

Passivkonstruktion, abgeleitet von vollendeten Verben

Die Kurzformen des Partizips Präteritum Passiv, die nur von den vollendeten Verben abgeleitet werden, dienen zur Bildung der Passivkonstruktionen.

In Passivkonstruktionen wird der reale Urheber der Handlung durch ein Substantiv im Instrumental, das allerdings oft ausgelassen wird, ausgedrückt:
Компания «Эппл» была создана (Стивом Джобсом) в 1980 году.

Diese Passivkonstruktionen werden mit den Tempusformen von быть gebildet:
Фирма основана.
Фирма была основана.
Фирма будет основана.

Das Fragepronomen каков

Das Fragepronomen каков / какова / каково / каковы ist die Kurzform von какой / какая / какое / какие. Es wird beim förmlichen Stil wie bei der Geschäftskommunikation verwendet und setzt eine genaue zahlenmäßige Antwort voraus:
– Каков ваш годовой оборот?
– 7 миллиардов рублей.
– Каково число сотрудников?
– 2500 человек.

LEKTION 9
IN DIESER LEKTION HABEN SIE DURCH PRAKTISCHE ÜBUNGEN FOLGENDES ERLERNT.

Passivkonstruktion, abgeleitet von unvollendeten Verben

Die unvollendeten Verben bilden Passiv mithilfe der Partikel **-ся**:
повышать ⇢ повышаться: Цены повышаются (продавцом).
устанавливать ⇢ устанавливаться: Оборудование устанавливается (производителем).

Diese Passivkonstruktionen können in allen Zeitformen stehen:
Качество товара улучшается.
Качество товара улучшалось.
Качество товара будет улучшаться.

Partizip Präsens Passiv

Das Partizip Präsens Passiv wird von vollendeten transitiven Verben mithilfe der Suffixe **-ем-** / **-ом-** (Verben der е-Konjugation) bzw. **-им-** (Verben der и-Konjugation) gebildet:
выпускать ⇢ мы выпуска**ем** ⇢ выпуска**ем**ый, выпуска**ем**ая, выпуска**ем**ое, выпуска**ем**ые
люби́ть ⇢ мы лю́бим ⇢ люби́мый, люби́мая, люби́мое, люби́мый (die Betonung des Partizips stimmt mit der Betonung des Infinitivs überein)

Das Partizip Präteritum Aktiv wird im Deutschen meistens durch einen Relativsatz im Passiv wiedergegeben: производимое фирмой оборудование – Ausstattung, die von der Firma produziert wird.

Superlativ

Der zusammengesetzte Superlativ wird mithilfe des Wortes самый (-ая, -ое, -ые) + Grundform des Adjektivs gebildet: Красная площадь – самая красивая площадь Москвы.

Der einfache Superlativ der Adjektive wird mithilfe des Suffixes **-айш-/-ейш-** gebildet. Das Suffix **-айш-** ist immer betont und wird zur Superlativbildung der Adjektive mit Stammauslaut auf **к, г, х, з**. Es kommt dabei immer zum Konsonantenwechsel:

к → ч: высо**к**ий → высо**ч**айший, вели**к**ий → вели**ч**айший

г, з → ж: стро**г**ий → стро**ж**айший, бли**з**кий → бли**ж**айший

х → ш: ти**х**ий → ти**ш**айший

In anderen Fällen wird das Suffix **-ейш-** angefügt, der Wortauslaut bleibt dabei unverändert:

сильный → сильн**ейш**ий

красивый → красив**ейш**ий

богатый → богат**ейш**ий

Konjunktiv

Die Konjunktivformen werden gebildet, indem man den Präteritumformen die Partikel **бы** hinzufügt. Der Konjunktiv wird verwendet:

▸ zum Ausdruck eines irrealen Wunsches: Если бы у меня были деньги, я купил бы квартиру в центре Москвы.

▸ zum Ausdruck einer wünschenswerten oder möglichen Handlung: Если бы вы заказали крупную партию, то мы бы дали вам солидную скидку.

▸ zum Ausdruck einer höflichen Bitte: Вы не могли бы уточнить, когда именно будет проходить выставка?

Die Partikel **бы** steht gewöhnlich nach dem Verb, bzw. sie kann nach jedem Wort stehen, wenn man dieses hervorheben will:

Мы дали бы вам скидку. – Wir würden Ihnen einen Rabatt geben.

Мы бы дали вам скидку. – Wir (und nicht jemand anderer) würden Ihnen einen Rabatt geben.

Вам бы мы дали скидку. – Wir würden Ihnen (und nicht jemandem anderen) einen Rabatt geben.

Imperativ mit пусть

Der Imperativ der 3. Person wird mithilfe des Wortes **пусть** und des Verbs in der 3. Person Sg. oder Pl. gebildet:

Пусть кандидат пришлёт нам резюме.

Пусть участники выставки заполнят регистрационную форму.

Oft wird der Imperativ mit пусть in den Trinksprüchen verwendet:

Пусть наша совместная работа продлится долгие годы!

Ключи

УРОК 1

1. а) 1) зимние 2) летние 3) осенние 4) весенние.
б) 1) в марте, в мае, в июле, в августе, в октябре, в декабре 2) в апреле, в июне, в сентябре, в ноябре. 3) в феврале. **в)** летом… зимой… осенью… весной.
4. а) года; час, часа; градусов; месяц, месяца; день; минута, минуты; секунд; неделя.
б) 1) день 2) минут 3) секунд 4) месяцев 5) дней 6) дней 7) дней… дня 8) недели.
5. а) 1) проведём в парке 2) проведут на даче 3) проведёт на море 4) проведу с семьёй в горах 5) проведёшь у компьютера 6) проведёте в фитнес-клубе.
б) 1) Олег весь день провёл на стадионе. 2) Наша проектная группа весь день провела в офисе. 3) Оксана и Рихард всё воскресенье провели на берегу Москвы-реки. 4) Мы весь день провели в парке. 5) Господин Вайс весь день провёл в Третьяковской галерее. 6) Вероника всю субботу провела за городом на даче.
6. 1) пойду… пойдёшь 2) пойдём… пойдёте 3) пойдёшь… пойдёт 4) пойдут… пойду.
8. б) – Какое сегодня число? Первое января? – Нет, сегодня второе января.
– Какое сегодня число? Десятое февраля? – Нет, сегодня одиннадцатое февраля.
– Какое сегодня число? Семнадцатое июля? – Нет, сегодня восемнадцатое июля.
– Какое сегодня число? Седьмое сентября? – Нет, сегодня восьмое сентября.
– Какое сегодня число? Девятнадцатое ноября? – Нет, сегодня двадцатое ноября.
– Какое сегодня число? Тридцатое декабря? – Нет, сегодня тридцать первое декабря.
в) 1) – На какое число секретарь заказал авиабилеты? – На двадцать восьмое сентября.
2) – На какое число вы забронировали номера в гостинице? – На пятнадцатое и шестнадцатое июня.
3) – На какое число директор запланировал видеоконференцию? – На третье июля.
4) – На какое число наша практикантка зарезервировала банкетный зал? – На второе августа.
5) – На какое число мы запланировали корпоративную вечеринку? – На седьмое марта.
6) – На какое число Маркус заказал билеты в Большой театр? – На двадцать шестое декабря.
9. а) поедем… поедешь… поедет… поеду… поедут… поедете.
10. 1) – Нам ещё надо забронировать номера в гостинице. – Я забронирую номера. – Ты забронируешь номера? Спасибо! 2) – Нам ещё надо зарезервировать столик в ресторане. – Я зарезервирую столик. – Ты зарезервируешь столик? Спасибо! 3) – Нам ещё надо организовать экскурсию по городу. – Я организую экскурсию. – Ты организуешь экскурсию? Спасибо! 4) – Нам ещё надо сканировать документы. – Я сканирую документы. – Ты сканируешь документы? Спасибо!
11. а) Приём делегации из Германии. Мне надо купить сувениры, заказать билеты в Большой театр, купить путеводитель по Москве, организовать встречу в аэропорту (Домодедово), зарезервировать столик в ресторане русской кухни.
Командировка директора в Вену. Мне надо записаться на приём в австрийское консульство, заказать авиабилет, обменять валюту, забронировать номер в отеле в Вене, заказать такси в аэропорт, получить визу.
б) 1) поэтому ему надо… 2) поэтому ей надо… 3) поэтому нам надо… 4) поэтому им надо… 5) поэтому вам надо… 6) поэтому тебе надо.
12. В офисе. – Игорь! Нам пора. – Светлана Владимировна! Одну минуту. – Нет-нет, мы уже опаздываем. А наши немецкие коллеги всегда очень пунктуальны. – Хорошо, Светлана Владимировна, я уже иду.
Дома. – Таня! Тебе пора. Ты же знаешь, что тренер не любит, когда вы опаздываете. – У меня ещё есть время. Тренировка начинается в 17:30, а сейчас только четыре часа. – Но не забудь, что тебе ещё надо купить в аптеке витамины. – Да-да… Пока!
13. 1) – Тебе пора! Урок начинается в 8:30. – Мне пора? Нет, у меня ещё много времени. Сейчас только 7:45. 2) – Вам пора! Футбол начинается в 14:20. – Нам пора? Нет, у нас ещё много времени. Сейчас только 13:55. 3) – Нам пора! Фильм начинается в 17:00. – Нам пора? Нет, у нас ещё много времени. Сейчас только 16:25. 4) – Вам пора! Концерт начинается в 19:00. – Мне пора? Нет, у меня ещё много времени. Сейчас только 17:45.
17. а) 1) Логисты занимаются транспортировкой товара. 2) ИТ-менеджер занимается программированием. 3) Переводчик занимается переводом документов. 4) Юрист занимается контрактами. 5) Маркетологи занимаются анализом рынка. 6) Менеджер по рекламе занимается рекламой.

6) 1) Марта и Габор интересуются современным дизайном. **2)** Роберт интересуется русским языком и Россией. **3)** Борис интересуется информатикой. **4)** Александр и Евгения интересуются Италией. **5)** Мой брат интересуется автомобилями. **6)** Мои родители интересуются оперой.

18. 6) о новых филиалах в центральном регионе, о потенциальных австрийских партнёрах, об инвестиционных проектах, о наших самых популярных товарах и ценах на них, о практикантах и об их обучении.

19. а) Лена регулярно ходит в бассейн. **2)** Мои друзья часто ходят на концерты. **3)** Ты каждую неделю ходишь в школу танцев? **4)** Герхард каждые выходные ходит в итальянские рестораны. **5)** Я каждую неделю хожу в кинотеатр «Музей кино». **6)** Мои однокурсники каждый день ходят в университетскую библиотеку.

6) 1) Господин Шротт отвечает за туры по Испании, поэтому он часто ездит в Мадрид и в Барселону. **2)** Госпожа Курц отвечает за проекты в Скандинавии, поэтому она часто ездит в Стокгольм и в Осло. **3)** Маркус и Инна отвечают за филиалы фирмы в Германии, поэтому они часто ездят в Берлин, во Франкфурт и в Мюнхен. **4)** Давид отвечает за рекламную кампанию в Восточной Европе, поэтому он часто ездит в Прагу, в Варшаву и во Львов. **5)** Анна и Филипп отвечают за контракты с Россией, поэтому они часто ездят в Москву, в Самару и в Казань. **6)** Я отвечаю за организацию практики в Казахстане, поэтому я часто езжу в Астану и в Алма-Ату.

Урок 2

1. 1) Мария Ивановна сказала врачу, что у неё высокое давление и болит сердце. **2)** Александр Степанович сказал врачу, что у него болят глаза, и он плохо видит. **3)** Алёша сказал врачу, что у него болит живот, и он ничего не хочет есть. **4)** Олег сказал врачу, что у него болит голова и горло, и он не может громко говорить. **5)** Дмитрий сказал врачу, что у него болит нога, и он не может играть в футбол. **6)** Ирина Николаевна сказала врачу, что у неё болят уши, и она плохо слышит.

2. 1. 1) Мама с сыном ходила на приём к детскому врачу. **2)** Студентка ходила на консультацию к преподавателю. **3)** Дима ходил в стоматологический центр к зубному врачу. **4)** Моя коллега ходила в банк к главному бухгалтеру. **5)** Мы ходили в больницу к знакомой. **6)** Мои коллеги ходили на презентацию к деловому партнёру. **7)** Я ходила на день рождения к подруге.

2.2. 1) Сергей был в Австрии у дочки. **2)** Ян был в Ростове у подруги. **3)** Зимой мы были в Тироле у знакомого. **4)** Мария была в Берлине у коллеги. **5)** Летом мы были в Москве у бабушки. **6)** Лена была на Камчатке у друга.

3. 1) Денис день и ночь сидит в Интернете, поэтому у него болят глаза. **2)** Дмитрий Семёнович слишком много работает, поэтому у него часто болит голова. **3)** Марина слишком много ест, поэтому у неё высокий холестерин. **4)** Галина Николаевна слишком много нервничает, поэтому она плохо спит. **5)** Алёша ест только гамбургеры и пиццу, поэтому у него часто болит живот. **6)** Валя никогда не принимает витамины, поэтому она часто болеет.

4. а) ходил… к врачу… сильный… слишком… немного… бронхит… в магазин.

6) – Марина, где вы были вчера после обеда? – На консультации у психолога, Николай Андреевич. Я вам говорила. – Да-да… Я помню. А в чём проблема, если не секрет? – Понимаете, Николай Андреевич, мой сын очень недисциплинированный, всё забывает, плохо учится. И наши советы не слушает. – А сколько лет сыну? – 15 лет. – По-моему, в этом возрасте это совершенно нормально.

5. 1) – Денис, если у тебя болят глаза, то тебе надо меньше сидеть у компьютера. **2)** – Олег, если у вас много стресса на работе, то вам надо больше гулять на свежем воздухе. **3)** – Марина, если ты слишком много ешь, то тебе надо больше заниматься спортом. **4)** – Галина Николаевна, если вы плохо спите, то вам надо меньше нервничать. **5)** – Александр, если у тебя сильный кашель, то тебе надо меньше курить. **6)** – Алёша, если у тебя часто болит живот, то тебе надо меньше есть гамбургеры.

7. а) 1) Нет, у нас нет тёмного пива, есть только светлое. **2)** Нет, у нас нет красной икры, есть только чёрная. **3)** Нет, у нас нет белого вина, есть только красное. **4)** Нет, у нас нет крабового салата, есть только овощной. **5)** Нет, у нас нет яблочного сока, есть только апельсиновый. **6)** Нет, у нас нет минеральной воды с газом, есть только без газа. **7)** Нет, у нас нет фруктового йогурта, есть только натуральный. **8)** Нет, у нас нет яблочного джема, есть только абрикосовый. **9)** Нет, у нас нет рыбной закуски, есть только мясная.

6) соков… салата… конфет… закуски… яйца́… яблок… сэндвича.

Ключи

в) 1) Нет, у нас нет никаких салатов. **2)** Нет, у нас нет никаких закусок. **3)** Нет, у нас нет никаких йогуртов. **4)** Нет, у нас нет никаких бутербродов. **5)** Нет, у нас нет никаких вин. **6)** Нет, у нас нет никаких сэндвичей. **7)** Нет, у нас нет никаких штруделей. **8)** Нет, у нас нет никаких конфет.

8. 1) лучше **2)** хуже **3)** больше **4)** выше **5)** ниже **6)** громче **7)** тише.

10. 1) Андрей спросил Максима, хочет он поехать с ним за город в субботу или нет. Максим ответил, что, к сожалению, он не может, потому что в субботу он должен работать. У них новый проект, и все его коллеги будут в офисе. **2)** Игорь спросил Лену, когда они смогут пойти погулять, потому что на улице такая прекрасная погода. Лена ответила, что они должны подготовить презентацию и переслать ее преподавателю. Они всё сделают и пойдут гулять. **3)** Дима спросил Наташу, почему она не идёт с ними в парк кататься на роликах. Наташа ответила, что она должна отдохнуть, потому что она плохо себя чувствует, у неё был тяжёлый день на работе.

11. 1) Николай должен поехать с делегацией на экскурсию в Исторический музей. **2)** Практиканты должны заказать такси и забронировать номера в гостинице. **3)** Директор должен познакомить гостей со структурой фирмы. **4)** Главный бухгалтер должен подготовить отчёт за прошлый год. **5)** Ирина должна организовать фуршет. **6)** Я должен /должна купить подарки гостям. **7)** Коллеги должны решить, какая стратегия лучше.

12. а) Валентина: Тридцатого апреля она должна пойти в фитнес-клуб к тренеру. Первого мая она должна поехать на дачу к родителям. Второго мая она должна поехать в фирму «Евростандарт» к главному бухгалтеру. Третьего мая она должна пойти на день рождения к Тамаре.

Алекс: Шестого мая он должен пойти в поликлинику к окулисту. Седьмого мая он должен пойти в банк к консультанту. Восьмого мая он должен пойти на урок русского языка к Наташе. Девятого мая он должен пойти на ужин к бабушке. Десятого мая он должен пойти на вечеринку к Маркусу и Лизе.

13. а) – Кто сегодня звонил? – Никто… – Что мне ещё надо сделать? – Ничего… – Куда директор пойдёт завтра? – Никуда… – Когда мы, наконец, будем на европейском рынке? – Если будем так медленно работать, то никогда! – Какие магазины сегодня работают? – Никакие…

б) 1) Нигде не отдыхал. **2)** Никто не знает. **3)** Никуда не едем. **4)** Ничего не пишу. **5)** Никуда не ходила… **6)** Никогда не был. **7)** Никаких подарков не купила.

15. а) помочь… говорит… поговорить… Соедините… слушает… просили… отправьте… уточнить… устраивает… перезвоню.

б) Я хочу спросить вас, сколько стоит этот словарь. Я хочу спросить вас, когда директор вернётся из командировки. Я хочу спросить вас, какая погода будет завтра. Я хочу спросить вас, что с заказами. Я хочу попросить вас перезвонить мне через час. Я хочу попросить вас помочь мне написать бизнес-план. Я хочу попросить вас передать эту информацию секретарю. Я хочу попросить вас уточнить сроки поставок.

16. а) 1) дадите… дам **2)** дашь **3)** даст **4)** дадут **5)** даст **6)** даст **7)** дадим **8)** дашь… дам.

б) 1) даёт… даст **2)** даю… дам **3)** дают… дадут **4)** дают… дадите **5)** даёшь… дашь **6)** передаст… передаёт **7)** передадите… передаю **8)** передаём… передадим.

17. а) 1) Ирина Витальевна сейчас в городской больнице у коллеги. Она вернётся через два часа. **2)** Алексей Карпов сейчас на кондитерской фабрике у главного технолога. Он вернётся часа через три. **3)** Валерия Фатеева сейчас на строительном объекте у главного инженера. Она сегодня не вернётся в офис. **4)** Господин Юнг сейчас в бюро переводов у нашей переводчицы. Он вернётся через 20 минут. **5)** Павел Багин сейчас в поликлинике у врача. Он вернётся после обеда. **6)** Главный бухгалтер сейчас на совещании у директора. Он вернётся через час. **7)** Я сейчас на конференции у делового партнёра. Вернусь в офис через два часа.

б) 1) Когда вы вернётесь из отпуска домой? **2)** Когда заместитель директора вернётся с конференции в офис? **3)** Когда Аня вернётся из института? **4)** Когда наши гости вернутся из театра? **5)** Когда господин Майер вернётся из аэропорта в фирму? **6)** Когда ты вернёшься с презентации? **7)** Когда мы вернёмся из Москвы в Вену?

18. а) аэропорт, прилетел(-а, -и), самолёт, зал прилёта, лететь, стюардесса, зал вылета; пешеход, идти, пешком, пришёл (пришла, пришли), пешеходная зона; вокзал, приехал(-а, -и), пассажир, ехать, поезд, зал ожидания.

6) 1) Нет, мы пойдём в театр пешком. **2)** Нет, он прилетит к вам на самолёте. **3)** Нет, группа бизнесменов приедет в Киев на поезде. **4)** Нет, мы приедем на Центральный вокзал. **5)** Нет, они приедут к родителям на машине.

19. 1. 1) его не было **2)** её не было **3)** меня не было **4)** их не было **5)** нас не было

2. 1) меня не будет **2)** его не будет **3)** их не будет.

УРОК 3

1. 1) трёхэтажный дом **2)** десятиэтажное здание **3)** четырёхзвёздочный отель **4)** двухзвёздочная гостиница **5)** трёхместный номер **6)** двухместный автомобиль **7)** семикомнатная квартира **8)** трёхкомнатные апартаменты.

2. 1) третий этаж **2)** четвёртый этаж **3)** пятый этаж **4)** шестой этаж **5)** седьмой этаж **6)** восьмой этаж **7)** девятый этаж **8)** десятый этаж в России.

3. 1) дорогой… дорого. **2)** дёшево… дешёвые **3)** чистая…чисто. **4)** светло…светлый. **5)** грязный… грязно. **6)** уютно… уютный. **7)** тихо… тихая **8)** тёмная… темно.

5. а) 1) Мы переедем из шумного центра в зелёный пригород. **2)** Моя однокурсница переедет из Вены во Франкфурт. **3)** Ты переедешь из старого дома в таунхаус. **4)** Я перееду из фабричного района в престижный центральный район. **5)** Мои друзья переедут из России в Австрию. **6) 1)** Наш офис переехал с первого этажа на третий этаж. **2)** Мои родители переехали с улицы Чехова на проспект Мира. **3)** Торговый центр переехал с окраины на центральную площадь. **4)** Бабушка переехала с севера на Чёрное море. **5)** Мой друг переехал с Урала на Байкал. **в) 1)** Дочь переехала от родителей к другу. **2)** Бабушка переехала от внука к внучке. **3)** Мать переехала от дочки к сыну. **4)** Я переехал(а) от сестры к брату. **5)** Мой друг переехал от знакомого к родителям.

6. 1) её **2)** своём… их **3)** своей… его **4)** свою… её **5)** своя **6)** свой… их.

7. 1) сниму… снимешь… снимут **2)** снимете… снимем **3)** снимет.

8. 1) домов… дома… дом **2)** этажа… этажей… этажа **3)** квартир… квартиры **4)** комнат… комнаты… комнат **5)** окон…окон… окна… окно.

9. а) 1) Нет, там нет настольной лампы. **2)** Нет, там нет книжных полок. **3)** Нет, там нет большой кровати. **4)** Нет, там нет удобного кресла. **5)** Нет, там нет комнатных цветов. **6)** Нет, там нет большого зеркала.

б) 1) – В твоей старой квартире была микроволновая печь? – Нет, там не было микроволновой печи.
2) – В твоей старой квартире была посудомоечная машина? – Нет, там не было посудомоечной машины.
3) – В твоей старой квартире была стиральная машина? – Нет, там не было стиральной машины.
4) – В твоей старой квартире был электрический чайник? – Нет, там не было электрического чайника.
5) – В твоей старой квартире был современный тостер? – Нет, там не было современного тостера.
6) – В твоей старой квартире была электрическая плита? – Нет, там не было электрической плиты.
7) – В твоей старой квартире был большой холодильник? – Нет, там не было большого холодильника.

11. а) 1) ищу **2)** ищем **3)** ищет **4)** ищете **5)** ищешь.

б) 1) Олег искал постоянную работу и нашёл её. **2)** Молодая динамичная компания искала инвестора-партнёра и нашла его. **3)** Германская фирма искала представителя в России и нашла его. **4)** Молодые предприниматели искали перспективный бизнес и нашли его. **5)** Я искал(а) работу и нашёл (нашла) её.

13. а) 1) несу **2)** везут **3)** несут **4)** везёт **5)** везу.

б) …принесёт салат «Оливье». Наши программисты привезут вино и шампанское. Шеф принесёт торт. Практикантка принесёт пирожки. А я привезу суши из ресторана «Токио».

15. 1) Алла каждый вечер звонит родителям, потому что её родители уже немолодые, часто болеют, и Алле важно знать, как у них дела. **2)** Виктор переехали из центра на окраину, потому что у него семья, два сына, и им в своём доме намного лучше, чем в маленькой квартире. **3)** Оля решила купить квартиру, потому что купить квартиру намного выгоднее, чем снимать. **4)** Валентина каждое лето проводит на даче, потому что у них там такая красота: свой сад, свои фрукты и овощи, свежий воздух.

16. а) 1. 1) Вам стоит купить этот автомобиль. **2)** Вам стоит посмотреть эту выставку. **3)** Вам стоит заказать это кресло. **4)** Вам стоит послушать эту лекцию. **5)** Вам стоит прочитать этот роман. **6)** Вам стоит забронировать эти номера. **7)** Вам стоит принять это предложение.

Ключи

2. 1) Тебе не стоит покупать дорогие вещи. **2)** Вам не стоит работать день и ночь. **3)** Тебе не стоит платить так много за квартиру. **4)** Тебе не стоит гулять в холодную погоду. **5)** Тебе не стоит снимать квартиру на окраине. **6)** Тебе не стоит нервничать. **7)** Тебе не стоит сидеть часами перед телевизором.
6) 1) не стоит **2)** стоит **3)** стоит **4)** не стоит **5)** стоит **6)** не стоит **7)** стоит.
17. 1. 1) – Простите, как мне попасть в аэропорт? – Вам надо доехать до станции «Аэропорт Домодедово». **2)** – Простите, как мне попасть на Московский вокзал? – Вам надо доехать до остановки «Московский вокзал». **3)** – Простите, как мне попасть в книжный магазин? – Вам надо доехать до станции метро «Пушкинская». **4)** – Простите, как мне попасть на улицу Гоголя? – Вам надо доехать до остановки «Улица Гоголя». **5)** – Простите, как мне попасть в гостиницу «Восток»? – Вам надо доехать до остановки «Ботанический сад». **6)** – Простите, как мне попасть в выставочный центр? – Вам надо доехать до остановки «Выставка». **7)** – Простите, как мне попасть в клуб «Б2»? – Вам надо доехать до остановки «Большая Садовая улица». **2. 1)** – На чём я могу доехать до станции «Аэропорт Домодедово»? – На аэроэкспрессе. **2)** – На чём я могу доехать до остановки «Московский вокзал»? – На пятом троллейбусе. **3)** – На чём я могу доехать до станции «Пушкинская»? – На метро. **4)** – На чём я могу доехать до остановки «Улица Гоголя»? – На шестьдесят седьмом автобусе. **5)** – На чём я могу доехать до остановки «Ботанический сад»? – На семнадцатом трамвае. **6)** – На чём я могу доехать до остановки «Выставка»? – На маршрутке номер 13. **7)** – На чём я могу доехать до остановки «Большая Садовая улица»? – На десятом троллейбусе.
18. 1) … доеду… перейду… дойду **2)** … выйдем… повернём… перейдём… войдём **3)** доедет… выйдет… повернёт… дойдёт.
19. 1) снимают… снимут **2)** принимаем… примем **3)** даёт… даст **4)** сдам… сдают **5)** продаёт… продадим **6)** передаст… передаёт **7)** покупаешь… купишь **8)** плачу… заплачу.

Урок 4

1. 1) – Здесь, кажется, был обменный пункт. – Нет, здесь никогда не было обменного пункта. **2)** – Здесь, кажется, был тренажёрный зал. – Нет, здесь никогда не было тренажёрного зала. **3)** – Здесь, кажется, была парикмахерская. – Нет, здесь никогда не было парикмахерской. **4)** – Здесь, кажется, была финская сауна. – Нет, здесь никогда не было финской сауны. **5)** – Здесь, кажется, был плавательный бассейн. – Нет, здесь никогда не было плавательного бассейна. **6)** – Здесь, кажется, был ночной бар. – Нет, здесь никогда не было ночного бара. **7)** – Здесь, кажется, был сувенирный киоск. – Нет, здесь никогда не было сувенирного киоска.
2. 1) Да, этот район намного тише. **2)** Да, этот компьютер намного современнее. **3)** Да, эта квартира намного дешевле. **4)** Да, этот офис намного просторнее. **5)** Да, этот номер намного лучше. **6)** Да, эта машина намного удобнее. **7)** Да, их меню разнообразнее и дешевле.
3. – Добрый день. Я хотела бы остановиться в вашей гостинице. Мне нужен одноместный номер на сутки. – Здравствуйте! Я правильно поняла, у вас номер не забронирован? – Нет, я не бронировала номер. – Сейчас посмотрю, что у нас есть. Так… Все одноместные номера уже заняты. Могу предложить стандартный двухместный номер. – А можно уточнить, сколько он стоит? – 5000 рублей в сутки. – 5000 рублей – это, конечно, дорого. – Но этот номер со всеми удобствами. Вы также можете бесплатно пользоваться сауной и тренажёрным залом. – Сауна – это хорошо. Скажите, а у вас можно позавтракать? – Да, у нас гостиница с завтраком. Шведский стол. – Прекрасно. Тогда я возьму этот номер. – Хорошо. Тогда заполните, пожалуйста, регистрационную форму. – Да, конечно… Вот, готово. – Всё правильно. Дайте, пожалуйста, ваш паспорт… Вы получите его завтра утром. Вот ваш ключ от номера и карта гостя. – Спасибо.
4. а) 1) Библиотека открывается в одиннадцать часов утра, а закрывается в девять часов вечера.
2) Филиалы банка «Москва» открываются в десять часов утра, а закрываются в шесть часов вечера.
3) Юридическое агентство открывается в девять часов утра, а закрывается в четыре часа (дня).
4) Стоматологическая клиника открывается в семь часов утра, а закрывается в восемь часов вечера.
5) Билетные кассы «Большого театра» открываются в два часа (дня), а закрываются в пять часов вечера.
6) Ресторан «Столичный» открывается в двенадцать часов дня, а закрывается в два часа ночи.
7) Бар «Камчатка» открывается в семь часов вечера, а закрывается в шесть часов утра.

6) 1) Библиотека открыта с одиннадцати часов утра до девяти часов вечера. **2)** Филиалы банка «Москва» открыты с десяти часов утра до шести часов вечера. **3)** Юридическое агентство открыто с девяти часов утра до четырёх часов (дня). **4)** Стоматологическая клиника открыта с семи часов утра до восьми часов вечера. **5)** Билетные кассы «Большого театра» открыты с двух часов (дня) до пяти часов вечера. **6)** Ресторан «Столичный» открыт с двенадцати часов дня до двух часов ночи. **7)** Бар «Камчатка» открыт с семи часов вечера до шести часов утра.

5. 1) останавливаешься… останавливаюсь **2)** останавливаемся… останавливаетесь **3)** останавливается **4)** останавливались **5)** останавливался… останавливался.

6. Екатерина: ценим… выбираем… останавливались… находится… выходили… входил.
Дмитрий: уютной…трёхзвёздочная… чистые… одноместном… тихом… шумном.

7. а) 1) А мои друзья тратят много денег на гостиницы. **2)** А моя подруга тратит много денег на отопление и на электричество. **3)** А наша фирма тратит много денег на рекламу. **4)** А когда я был студентом, я тратил много денег на квартиру. **5)** А я трачу много денег на отдых.

б) 1) Я экономлю на авиабилетах, так как всегда покупаю авиабилеты заранее через Интернет. **2)** Мы экономим на ресторанах и обычно ужинаем дома. **3)** Моя сестра экономит деньги на модных аксессуарах. **4)** В Москве мы останавливаемся у знакомых и экономим деньги на отелях. **5)** Мои друзья экономят на мебели, поэтому покупают всё в Икее.

8. 1) экономит… сэкономили **2)** экономишь… сэкономлю **3)** трачу… потратил(а) **4)** тратите… потратили **5)** останавливаются… остановились **6)** остановишься… останавливаюсь **7)** предлагают… предложил **8)** предлагает… предложил

9. 1. 1) Ольга Петровна была очень довольна тем, что отель предлагает различные бесплатные услуги. **2)** Джон был очень доволен тем, что персонал хорошо говорит по-английски. **3)** Господин и госпожа Вайнбауэр были очень довольны тем, что отель предлагает визовую поддержку. **4)** Кузнецовы были очень довольны тем, что отель расположен в тихом месте. **5)** Ксения была очень довольна тем, что гостиница находится в центре.
2. 1) Господин Курц был очень доволен вежливым и внимательным обслуживанием. **2)** Роман был очень доволен организацией трансфера. **3)** Ирина Дмитриевна была очень довольна просторным номером и удобной кроватью. **4)** Макс и Вера были очень довольны бесплатным доступом к Интернету. **5)** Госпожа Шварц была очень довольна высоким уровнем сервиса.

10. – Слушаю вас. – Звоню, чтобы узнать… – Дело в том, что… – Да, пожалуйста… – А можно уточнить… – Ясно… – Разве я не сказала… – Скажите, пожалуйста… – У меня ещё один вопрос… – Ждём вас.

12. а) 1) приехала… **2)** прилетели… прилетел **3)** пришёл **4)** прилетят **5)** придёт.
б) 1) ушла…ушли **2)** уехал **3)** уеду… уедете **4)** уйдёшь…уйду **5)** улетел.

13. 1) Генеральный директор ушёл на совещание. **2)** Себастьян уехал из гостиницы поздно вечером. **3)** Мать рано ушла на работу. **4)** Татьяна Андреевна приехала с выставки. **5)** Мы с друзьями уехали с озера. **6)** Проект-менеджер пришёл в офис после совещания. **7)** Деловые партнёры уехали с переговоров. **8)** Наш секретарь приехал из российского консульства.

14. 1) улетела **2)** прилетели **3)** пришёл **4)** ушла **5)** унёс **6)** принесла **7)** привезли **8)** увёз.

15. 1) Мне нужен Интернет. **2)** Мне нужен обменный пункт. **3)** Мне нужно такси. **4)** Мне нужен врач. **5)** Мне нужны открытки. **6)** Мне нужно выпить кофе и немного отдохнуть. **7)** Мне нужен путеводитель по Эрмитажу на … языке.

16. 1) Чтобы поехать в Россию, нужна виза. **2)** Чтобы купить билеты через Интернет, нужна кредитная карта **3)** Чтобы зарегистрироваться в гостинице, нужен паспорт. **4)** Чтобы учиться в России, нужен сертификат по русскому языку, уровень B1. **5)** Чтобы одновременно учиться в университете и работать, нужна самодисциплина. **6)** Чтобы получить место менеджера в нашей фирме, нужен лидерский потенциал.

17. 1. 1) Гость: Я звоню, чтобы спросить, возможно ли поужинать в отеле. Администратор: К сожалению, нет. Мы предлагаем только завтраки. **2)** Гость: Я звоню, чтобы спросить, есть ли в гостинице тренажёрный зал. Администратор: К сожалению, нет. У нас есть только сауна. **3)** Гость: Я звоню, чтобы спросить, можно ли курить в номере. Администратор: К сожалению, нет. Все наши номера для некурящих. **4)** Гость: Я звоню, чтобы спросить, есть ли рядом с вашей гостиницей станция метро. Администратор: К сожалению, нет.

Ключи

Вам надо ехать на автобусе. **5)** Гость: Я звоню, чтобы спросить, можно ли освободить номер не в 12 часов, а позже. Администратор: К сожалению, нет. Вам надо освободить номер ровно в 12 часов.

2. 1) Гость: Я хотел(а) бы уточнить, где я могу заказать экскурсию. Администратор: Разве вы не знаете, что заказ экскурсий входит в наши услуги? **2)** Гость: Я хотел(а) бы уточнить, как попасть в аэропорт. Администратор: Разве вы не знаете, что мы предлагаем услугу трансфера? **3)** Гость: Я хотел(а) бы уточнить, где я могу заплатить за сауну. Администратор: Разве вы не знаете, что посещение сауны для наших гостей бесплатное? **4)** Гость: Я хотел(а) бы уточнить, почему Интернет не работает. Администратор: Разве вы не знаете, что у нас технические проблемы? **5)** Гость: Я хотел(а) бы уточнить, почему нет горячей воды. Администратор: Разве вы не знаете, что в отеле сейчас плановые ремонтные работы?

18. а) предлагают… предпочитаю… экономит… остановиться… тратить… уточню.

20. 6) 1) В столице Республики Башкортостан был открыт новый четырёхзвёздочный отель Holiday Inn. **2)** Отель находится в культурно-историческом центре города. **3)** Гости могут остановиться в номерах следующих категорий: стандарт, улучшенный, люкс и президентский люкс. **4)** Кроме комнаты для переговоров, ресторана и фитнес-зала в инфраструктуру гостиницы входят 5 конференц-залов, лобби, подземный и наземный паркинги. **5)** Open Lobby – это просторный холл, в котором могут находиться одновременно бар, ресторан, офис с Интернетом, а также игровая зона. **6)** Как во всех четырёхзвёздочных гостиницах, в каждом номере Holiday Inn Ufa есть кондиционер, мини-бар или холодильник, сейф, спутниковое телевидение и бесплатный Wi-Fi. **7)** Отель предлагает такие дополнительные услуги, как заказ блюд и напитков в номер, трансфер. **8)** Гости из разных стран были очень довольны и дали отелю самую высокую оценку.

УРОК 5

1. 1) – а, **2)** – б, **3)** – в, **4)** – а, **5)** – б, **6)** – в, **7)** – а, **8)** – в, **9)** – в.

2. 1) – а, **2)** – б, **3)** – б, **4)** – б, **5)** – а), **6)** – б), **7)** – а), **8)** – б, **9)** – в, **10)** – б, **11)** – а, **12)** – б, **13)** – б, **14)** – б, **15)** – б.

3. 1) Пять этажей. **2)** Три аэропорта. **3)** Сто девяносто две страницы. **4)** Три тысячи четыреста пятьдесят два рубля. **5)** Два года. **6)** Четыре языка.

4. 1) борща **2)** открыток… конвертов… марок…рублей **3)** остановки **4)** тысяч.

5. 1) покупаем… купил(а) **2)** продала **3)** помогает… помог **4)** передам **5)** смотрели… посмотрели **6)** сдам **7)** даёт.

6. 6) 1) …более чем пятнадцати тысячам человек. **2)** …работают в аэропорту Шереметьево. **3)** …в июле 1941 года. **4)** …терминал Внуково-2. **5)** …кортеж может доехать за 15 минут. **6)** …на аэроэкспрессе.

УРОК 6

2. 1) кончил… начал… начал… продолжил… кончил… начал **2)** кончил(а)… начал(а)… начал(а)… продолжил(а) **3)** начала… кончила… продолжила.

3. а) начал(а) учиться в школе – пошёл (пошла) в школу, кончил(а) школу / гимназию – получил(а) аттестат зрелости, сдал(а) вступительные экзамены – поступил(а) в университет, начал(а) учиться в университете – стал(а) студентом / студенткой, проходил(а) практику в фирме – получил(а) опыт работы, написал(а) дипломную работу – получил(а) диплом бакалавра.

4. а) 1) – Володя, когда ты станешь серьёзным? – Когда начну работать. **2)** Олег Викторович, когда вы станете профессором? – Когда кончу писать диссертацию. **3)** Ирина, когда ты станешь старшим бухгалтером? – Когда закончу курсы повышения квалификации. **4)** Антон, когда ты продолжишь заниматься спортом? – Когда кончу важный проект на работе. **5)** Катя, когда ты начнёшь работать по специальности? – Когда получу диплом магистра. **6)** Михаэль, когда ты начнёшь проходить практику? – Когда найду подходящее место. **7)** Валерий Петрович, когда вы продолжите лекцию? – Когда кончу кончу отвечать на вопросы.

6. Двенадцатого октября 1492-ого года Колумб открыл Америку. Четырнадцатого июля 1789-ого года началась Великая французская революция. Первого сентября 1939-ого года началась Вторая мировая война. Двенадцатого апреля 1961-ого года первый человек полетел в космос. Девятого ноября 1989-ого года была разрушена берлинская стена. Одиннадцатого сентября 2001-ого года произошли теракты в Нью-Йорке.

7. 1) Клара попросила Настю заполнить анкету вместе с ней, потому что она боится сделать много ошибок.

Настя ответила Кларе, что ей не надо бояться, ведь она очень хорошо умеет печатать по-русски на компьютере. **2)** Даша спросила Верену, может ли она поговорить с ней, есть ли у неё сейчас время. Верена ответила, что она не может, потому что собирается на важную встречу и очень спешит. **3)** Ютта сказала Антону, что она собирается в Россию, ей пора оформлять визу, но она не знает, с чего начать. Антон ответил Ютте, что он ей поможет, и они за час всё подготовят. **4)** Алекс сказал Олегу, что он волнуется, потому что у него через 2 часа экзамен по русскому языку и ему кажется, что он всё забыл. Олег ответил Алексу, что ему не надо волноваться, ведь он всё прекрасно знает и всё помнит.

8. а) 1) Дмитрий Павлович, куда вы спешите? – Я опаздываю на совещание! – Не спешите! Вы успеете! У вас ещё много времени. **2)** – Татьяна Андреевна, куда вы спешите? – Я опаздываю на встречу. – Не спешите! Вы успеете! У вас ещё много времени. **3)** – Настя и Клара, куда вы спешите? – Мы опаздываем на спектакль. – Не спешите! Вы успеете! У вас ещё много времени. **4)** – Макс, куда ты спешишь? – Я опаздываю на футбольный матч. – Не спеши! Ты успеешь! У тебя ещё много времени. **5)** – Оля, куда ты спешишь? – Я опаздываю на планёрку. – Не спеши! Ты успеешь! У тебя ещё много времени.

б) 1) Не волнуйся, Ирина, за месяц ты успеешь написать курсовую работу. **2)** Не волнуйтесь, Дмитрий, за две недели вы успеете подготовить отчёт. **3)** Не волнуйтесь, Наталья Антоновна, за 20 минут вы успеете купить хлеб. **4)** Не волнуйтесь, Светлана, за 2 часа вы успеете провести 3 собеседования. **5)** Не волнуйся, Игорь, за 10 минут ты успеешь сделать копии.

10. а) 1) Включите проектор! **2)** Выключите радио! **3)** Договоритесь о встрече с директором! **4)** Проверьте данные клиентов! **5)** Сохраните данные новых клиентов! **6)** Организуйте встречу делегации в аэропорту! **7)** Составьте протокол совещания! **8)** Отправьте каталоги постоянным покупателям!

б) 1) Не бойся, ты сдашь экзамен. **2)** Не волнуйся, всё будет хорошо. **3)** Не спеши, и ты не будешь делать ошибки. **4)** Посоветуй мне, в какой клуб лучше пойти. **5)** Найди другое место работы. **6)** Проверь моё резюме. **7)** Подготовьте документы.

11. а) 1) Давайте вместе купим продукты и принесём их домой. **2)** Давай вместе пойдём к зубному врачу. **3)** Давай вместе напишем письмо австрийским партнёрам. **4)** Давай вместе подготовим и отправим документы. **5)** Давайте вместе перевезём мебель в новый офис.

б) 1) Давайте регулярно писать друг другу мейлы! **2)** Давайте постоянно обмениваться опытом! **3)** Давайте всегда посылать друг другу информацию об интересных статьях! **4)** Давайте чаще рассказывать о новых теориях и концептах! **5)** Давайте регулярно обсуждать актуальные проблемы экономики!

12. 1) Преподаватель начинает занятие в четверг в 9:00. Занятие начинается в четверг в 9:00. **2)** Главный менеджер закрывает конференцию сегодня в 16:30. Конференция закрывается сегодня в 16:30. **3)** Делегация кончает переговоры завтра в 15:30. Переговоры кончаются завтра в 15:30. **4)** Продавец открывает магазин в рабочие дни в 8:00. Магазин открывается в рабочие дни в 8:00. **5)** Аудитор продолжает ревизию в понедельник в 9:30. Ревизия продолжается в понедельник в 9:30. **6)** Парикмахер закрывает салон в пятницу в 21:00. Салон закрывается в пятницу в 21:00.

14. а) 1) надёжный **2)** несмелый **3)** честный **4)** коммуникабельный **5)** целеустремлённый **6)** энергичный **7)** серьёзный.

б) 1) Я удивляюсь тому, какой ты энергичный, ты всё делаешь быстро и хорошо. **2)** Я удивляюсь тому, какой ты надёжный человек, ты всю работу делаешь в срок и всегда готова помочь. **3)** Я удивляюсь тому, какой ты целеустремлённый, ты всегда продолжаешь идти вперёд к своей цели. **4)** Я удивляюсь тому, какая ты умная девушка, ты думаешь логично и умеешь анализировать факты.

15. 1) Преподаватель хочет, чтобы студент передал домашнее задание всем, кого сегодня нет на занятии. Студент обязательно передаст. **2)** Дедушка хочет, чтобы Володя купил цветы бабушке и маме, потому что завтра 8 марта. Володя купит цветы. **3)** Секретарь хочет, чтобы практикант позвонил в ресторан и заказал столик для гостей. Практикант сейчас же позвонит и закажет столик. **4)** Менеджер по персоналу хочет, чтобы секретарь передал коллегам, что завтра планёрки не будет. Секретарь обязательно передаст. **5)** Секретарь-референт хочет, чтобы его ассистент взял в посольстве анкеты для оформления виз. Ассистент секретаря возьмёт анкеты. **6)** Старший бухгалтер хочет, чтобы младший бухгалтер проверил данные о заработной плате. Младший бухгалтер завтра же проверит.

16. стать физиком… продолжил учёбу… получить опыт работы… работал ассистентом… попробовать себя в бизнесе… не принёс прибыли… занялся новым проектом… добился своей цели… общался с талантливыми бизнесменами… изменили его жизнь… была реализована… оборот компании составил… уверен в успехе.

17. 1. 1) Я руковожу отделом продаж. **2)** Я руковожу отделом закупок. **3)** Я руковожу отделом рекламы. **4)** Я руковожу отделом кадров. **5)** Я руковожу отделом информационных технологий. **2. 1)** Я руковожу инвестиционным фондом. **2)** Я руковожу экспертным отделом. **3)** Я руковожу сервисным отделом. **4)** Я руковожу автомобильным концерном. **5)** Я руковожу транспортным агентством. **3. 1)** Я руковожу туристической компанией. **2)** Я руковожу строительной компанией. **3)** Я руковожу финансовой академией. **4)** Я руковожу консалтинговой фирмой. **5)** Я руковожу языковой школой.

18. 1. 1) Менеджер по работе с персоналом отвечает за работу с персоналом. **2)** Менеджер по работе с зарубежными клиентами отвечает за работу с зарубежными клиентами. **3)** Менеджер по работе с гостями отвечает за работу с гостями. **4)** Менеджер по работе с социальными сетями отвечает за работу с социальными сетями. **2. 1)** Руководитель транспортного отдела отвечает за работу транспортного отдела. **2)** Руководитель экспортного отдела отвечает за работу экспортного отдела. **3)** Руководитель финансового отдела отвечает за работу финансового отдела. **4)** Руководитель сервисного отдела отвечает за работу сервисного отдела.

19. 1) Начальник отдела продаж должен иметь высшее специальное образование и опыт работы в сфере туризма от 5 лет; знать маркетинг турпродуктов, уметь руководить коллективом и вести переговоры; владеть немецким и английским языком на уровне С1. **2)** Начальник транспортного отдела должен иметь высшее образование (логистика, транспорт) и опыт организации крупных грузоперевозок; отлично знать географию Центральной Европы; уметь работать и общаться в интернациональном коллективе; свободно владеть английским языком. **3)** Помощник директора должен иметь среднее специальное образование и водительские права; знать нормативные документы, методы их оформления и правила делового общения; уметь вести деловую корреспонденцию и работать с оргтехникой; владеть программами Microsoft Office (Word, Excel, Outlook).

20. а) 1) – б, **2)** – ж, **3)** – а, **4)** – е, **5)** – д, **6)** – в, **7)** – г.

Урок 7

1. 1. 1) Выставка-ярмарка «Ювелирный вернисаж» начнёт работать четвёртого января, а закончит работу восьмого января. **2)** Ярмарка «Дачный сезон» начнёт работать двадцать третьего апреля, а закончит работу двадцать шестого апреля. **3)** Выставка «ТрансРоссия» начнёт работать двадцать девятого апреля, а закончит работу четвёртого мая. **2. 1)** Выставка собак откроется четырнадцатого мая, а закроется семнадцатого мая. Выставка будет работать с четырнадцатого по семнадцатое мая. **2)** Выставка-ярмарка «Ваше здоровье и красота» откроется пятнадцатого июня, а закроется двадцатого июня. Выставка-ярмарка будет работать с пятнадцатого по двадцатое июня. **3)** Выставка «Вечерняя мода и аксессуары» откроется шестнадцатого августа, а закроется восемнадцатого августа. Выставка будет работать с шестнадцатого по восемнадцатое августа. **4)** Выставка-ярмарка «Бухгалтерский учёт и аудит» откроется двадцать второго января, а закроется двадцать шестого января. Выставка-ярмарка будет работать с двадцать второго по двадцать шестое января.

3. а) 1) Наши друзья в выходные ездили за город, но мы не знаем куда. **2)** Мой коллега проходил практику в России, но я не знаю где. **3)** Моя коллега училась в экономическом вузе в Англии, но я не знаю в каком. **4)** Мой младший брат весь день звонил по телефону, но я не знаю кому. **5)** Наши конкуренты на выставке вели переговоры, но мы не знаем с кем. **6)** На переговорах они договорились, но мы не знаем о чём.
б) 1) куда-нибудь **2)** какую-нибудь **3)** когда-нибудь **4)** что-нибудь.

4. а) 1) Они давно не видели друг друга. **2)** Они звонят друг другу. **3)** Мы ничего не слышали друг о друге. **4)** Они проводят свободное время друг с другом. **5)** Мы всегда поздравляем друг друга с праздниками. **6)** Они всегда приглашают друг друга на день рождения. **7)** Мы думаем друг о друге. **8)** Они не могут жить друг без друга. **9)** Мы не разговариваем друг с другом.

5. а) 1) Маркус заедет в книжный магазин за словарём. **2)** Юля и Ванесса заедут на ярмарку за сувенирами. **3)** Я заеду в офис за документами. **4)** Ты заедешь в университет за студенческим билетом? **5)** Вы заедете в аптеку за лекарством? **6)** Мы заедем в театральную кассу за билетами.

6) 1) Ольга зайдёт в детский сад за сыном. **2)** Михаил зайдёт в отель за господином Майером. **3)** Мы зайдём в школу за нашими детьми. **4)** Ты зайдёшь в офис за клиентами? **5)** Я зайду в поликлинику за бабушкой. **6)** Макс и Катарина зайдут в кафе за друзьями.

6. а) 1) обувь для женщин **2)** техника для кухни **3)** одежда для мужчин **4)** инструменты для сада **5)** книги для детей **6)** мебель для кухни **7)** учебники для школьников **8)** отдых для семьи.

б) 1) Да, эта сумка из кожи. **2)** Да, этот свитер из шерсти. **3)** Да, это бельё из шёлка. **4)** Да, эти часы из золота. **5)** Да, этот жилет из меха. **6)** Да, эти ложки из серебра.

7. б) 1) приобрести товары **2)** широкий ассортимент **3)** от отечественных и зарубежных производителей **4)** одежда на любой вкус **5)** предлагается одежда для детей **6)** аксессуары **7)** бижутерия.

8. 1. 1) Это платье мне велико. Принесите на размер меньше. **2)** Этот купальник мне мал. Принесите на размер больше **3)** Эта рубашка мне велика. Принесите на размер меньше. **4)** Это пальто мне мало. Принесите на размер больше. **5)** Эти туфли мне велики. Принесите на размер меньше. **2. 1)** Дайте мне другие туфли. Те, белого цвета. **2)** Дайте мне другую юбку. Ту, синего цвета. **3)** Дайте мне другие брюки. Те, оранжевого цвета. **4)** Дайте мне другую куртку. Ту, голубого цвета. **5)** Дайте мне другой пиджак. Тот, бежевого цвета.

9. 1) берём **2)** возьмёшь… возьму **3)** беру **4)** возьмём **5)** берёт **6)** взяла **7)** берут.

10. себе… о себе… себя… на себя… себя… с собой… для себя.

11. 1) Купите, пожалуйста, хлеб! Не покупай нарциссы! **2)** Не приносите словарь на экзамен! Принесите напитки! **3)** Ничего не привозите! Привези рекламные проспекты! **4)** Возьми на экзамен калькулятор! Не бери тёплые вещи!

12. а) У моей сестры очень хорошая зарплата, поэтому ей хватает денег и на квартиру в престижном районе, и на поездки за границу. Я удивляюсь тому, как много успевает мой брат: ему хватает времени и на учёбу, и на спорт, и на хобби. Мой коллега плохо организован, поэтому ему не хватает времени ни на проекты, ни на деловые встречи, ни на отчёты. Я совсем не умею вести семейный бюджет, поэтому мне не хватает денег ни на что.

14. 1. 1) …один из самых успешных бизнесменов нашего города. **2)** …один из самых интересных форумов этого года. **3)** …один из самых крупных юридических конгрессов Восточной Европы. **4)** …один из лидеров рынка молочных продуктов в России.

2. 1) …одна из самых популярных тем бизнес-конференций. **2)** …одна из самых важных выставок для салонов красоты в России и СНГ. **3)** …одна из самых крупных выставочных площадок мира. **4)** …одна из самых любимых ярмарок среди читающей публики.

15. а) Российская ассоциация бизнес-образования, Высшая школа экономики – выставка «Образование и карьера – XXI век»; компания «Северсталь» – выставка «Цветные металлы и минералы»; агентство «Мегаполис» – выставка «Недвижимость в Татарстане»; фирма «Моснефтепродукт», компания «Сибирские ресурсы» – форум «Газ. Нефть. Технологии будущего».

б) 1) Российская ассоциация бизнес-образования заинтересована в участии в выставке «Образование и карьера – XXI век». **2)** Концерн «Северсталь» заинтересован в участии в выставке «Цветные металлы и минералы». **3)** Агентство «Мегаполис» заинтересовано в участии в выставке «Недвижимость в Татарстане». **4)** Высшая школа экономики заинтересована в участии в выставке «Образование и карьера – XXI век». **5)** Фирма «Моснефтепродукт» заинтересована в участии в форуме «Газ. Нефть. Технологии будущего». **6)** Компания «Сибирские ресурсы» заинтересована в участии в форуме «Газ. Нефть. Технологии будущего».

16. 1) Выставка «Наше будущее», которая открывается… **2)** Российские партнёры, которые сотрудничают… **3)** Нас особенно заинтересовало предложение компании «Фан-Тур», которая принимала участие… **4)** Стоит начать сотрудничать с рекламным агентством, которое сделало выгодное предложение. **5)** Эффективность форума «Газ. Нефть. Технологии будущего» гарантирована, так как в нём участвуют лица, которые принимают решения. **6)** Коллеги, которые сомневались в эффективности выставки…

18. 1) принять… принимает **2)** обсудить… обсуждаем **3)** приобрести… приобретаем **4)** провели… проводить **5)** обращаюсь… обратиться **6)** показывали… показали **7)** сообщают… сообщил **8)** посещают… посетят **9)** покупать… купила.

Ключи

УРОК 8

1. а) 1) «Ред Булл» – это австрийская специализированная производственная фирма. 2) «Шенкер» – это известная германская логистическая компания. 3) «Вольво» – это солидный шведский автомобильный концерн. 4) «Сименс» – это многопрофильная транснациональная компания. 5) «Порр» – это лидирующий австрийский строительный концерн. 6) «Роснефть – это ведущая российская нефтяная компания. 7) «Делойт» – это международная аудиторская и консалтинговая фирма. 8) «Адидас» – это лидирующий германский производственный концерн.

б) 1) Публичное акционерное общество «Норильский никель» является горно-металлургической компанией. 2) Общество с ограниченной ответственностью «Шатура-мебель» является производственной фирмой. 3) Совместное предприятие «МЕТА-БЕЛ» является белорусско-российским производителем каминов. 4) Акционерное общество «Бабаевский» является кондитерским концерном. 5) Общество с ограниченной ответственностью «ЛЕД-Эффект» является производственным предприятием. 6) Малое предприятие «Деловой Имидж» является посреднической фирмой. 7) Публичное акционерное общество «ГлавПетербургСтрой» является строительной компанией.

2. а) 1) ООО «Шатура-мебель» производит мебель. 2) АО «Кондитерский концерн «Бабаевский» производит кондитерские изделия. 3) ООО «ЛЕД-Эффект» производит лампы. 4) ПАО «Норильский никель» производит никель.

б) 1) ООО «Хлеборг» торгует хлебом. 2) СП «Австрийские вина» торгует винами. 3) МП «Интермода» торгует одеждой и обувью. 4) ООО «Автобазар» торгует автомобилями.

3. 1) «Автобазар» – украинский интернет-сайт, на котором можно не только продать, но и купить автомобили, автобусы и мотоциклы. 2) «Джонсон & Джонсон» – крупный производитель косметических и санитарно-гигиенических товаров, а также медицинского оборудования. 3) Кондитерский концерн «Бабаевский» производит популярные в России сорта конфет и шоколада, кроме того постоянно расширяет ассортимент. 4) «Азбука вкуса» – российская частная сеть супермаркетов, которые работают как в крупных городах, так и в их пригородах. 5) Современная светотехническая продукция компании «ЛЕД-Эффект» гарантирует комфортный свет, а также экономит энергоресурсы. 6) Посредническая компания «Деловой имидж» поможет вам не только найти производителей в Китае, но и приобрести оптом готовые товары. 7) «Ред Булл» – производитель энергетических напитков, кроме того компания широко известна как спонсор и организатор многочисленных спортивных мероприятий.

4. а) 1. 1) Венский университет был основан в 1365 году герцогом Рудольфом IV. 2) МГУ был основан в 1755 году императрицей Елизаветой I по инициативе М.В. Ломоносова . 3) Йенский университет был основан в 1558 году императором Фердинандом I. 2. 1) Марка «Кока-кола» была зарегистрирована в 1886 году фармацевтом Джоном Ститом Пембертоном. 2) Марка «Спортмастер» была зарегистрирована в 1996 году бизнесменом Николаем Фартушняком и его братом Владимиром. 3) Марка «Герри Вебер» была зарегистрирована в 1973 году предпринимателем и дизайнером Герхардом Вебером. 3. 1) «Айфон» был создан в 2007 году корпорацией «Эппл». 2) «Фейсбук» был создан в 2004 году Марком Цукербергом. 3) Первый спутник был создан в 1957 году советскими учёными.

5. 1)…в тысяча восемьсот восемьдесят девятом году. 2)…в тысяча девятьсот пятьдесят восьмом году. 3)…в тысяча девятьсот сорок пятом году. 4)…в тысяча девятьсот тридцать девятом году. 5) в тысяча девятьсот четвёртом году. 6)…в тысяча девятьсот шестьдесят девятом году.

6. а) 1) входит… войдёт 2) выходит… выйдет 3) уходят… уйдёт.

б) входит… вошли… вышла… уходят… ушли… выйдет… выходим.

7. 1) экспорт / импорт текстиля, газа, нефти, продуктов питания, лекарств 2) ремонт медицинской аппаратуры, компьютерной техники, офисов, машин 3) организация конференций, туристических поездок, праздников, корпоративов 4) купля / продажа автомобилей, дверей, окон, мебели 5) предоставление транспортных услуг, юридических услуг, кредитов 6) производство модной обуви, одежды 7) строительство дач, деревянных домов, гаражей.

8. 1. 1) ПАО «Гедеон Рихтер» занимается производством и продажей лекарств. 2) Корпорация «Ай-Би-Эм» занимается производством и продажей компьютерной техники. 3) ООО «Интернорм» занимается производством и продажей дверей и окон. **4)** АО «Прод-Мастер» занимается производством и продажей продуктов питания. **2. 1)** Турбюро «Дальневосточный Феникс» занимается организацией туристических поездок. **2)** МП «Светлая музыка» занимается организацией концертов. **3)** Компания «Эвентус» занимается организацией праздников и корпоративов. **4)** Фирма «РосБизнесТур» занимается организацией конференций. **3. 1)** Агентство «Право» занимается предоставлением юридических услуг. **2)** Компания «Автотранс» занимается предоставлением транспортных услуг. **3)** Банк «Союз» занимается предоставлением кредитов для малого и среднего бизнеса. **4)** Ассоциация «Посредник» занимается предоставлением посреднических услуг.

9. 1) Фирма занимается продажей медтехники. **2)** Компания занимается ремонтом офисов и квартир. **3)** Агентство занимается организацией экскурсий. **4)** Банк занимается предоставлением кредитов. **5)** Фирма занимается оказанием риелтерских услуг. **6)** Компания занимается строительством деревянных домов и дач. **7)** Предприятие занимается финансированием региональных проектов. **8)** Фирма занимается импортом продуктов питания. **9)** Компания занимается экспортом нефти и газа.

10. 1) в розницу **2)** дал в долг **3)** мелкими **4)** государственная **5)** короткие **6)** крупная многопрофильная.

13. 1. 1) «Вольво» – один из ведущих автомобильных концернов. **2)** Андрей Новиков – один из самых успешных бизнесменов нашего города. **3)** «Адидас» – один из лидирующих производителей спортивных товаров. **2. 1)** «Российские инновации» – одна из самых перспективных российских компаний. **2)** «Домик в деревне» – одна из лучших марок молочных продуктов в России. **3)** «ЛЕД-Эффект» – одна из российских инновационных производственных компаний. **3. 1)** Компания «Газпром» – одно из самых известных российских предприятий. **2)** «Персона Грата» – одно из известных юридических агентств. **3)** «Мир без границ» – одно из популярных туристических агентств. **4. 1)** «Делойт» и «КПМГ» – одни из самых крупных аудиторских фирм. **2)** «БМВ» и «Ауди» – одни из самых любимых марок автомобилей в Европе. **3)** «Дойче Банк» и «Уни-Кредит» – одни из самых успешных европейских банков.

14. а) стали одной из самых актуальных покупок… предлагает широкий ассортимент… сотрудничаем напрямую… гарантируем высокое качество… пользующиеся популярностью… занимает лидирующее положение… заняла 3 место… получили приз.

б) 1) – а, **2)** – в, **3)** – б, **4)** – б, **5)** – а.

16. б) 1) наша компания весьма заинтересована в установлении делового сотрудничества с вами **2)** Мы предлагаем большой выбор продуктов **3)** Продукты являются не только качественными, но и оригинальными. **4)** Продукция компании «Бакальдрин» отлично зарекомендовала себя на мировом рынке. **5)** Наша компания предлагает… комплекс услуг, который включает консультации и семинары ведущих технологов **6)** Заранее благодарим Вас за оперативный ответ.

18. а) всю… всей… всём… всё… всего… всей.

б) 1) Да, я переслал(а) сообщение всем партнёрам. **2)** Да, я сообщил(а) всем сотрудникам время проведения совещания. **3)** Да, я побеседовал(а) со всеми потенциальными заказчиками. **4)** Да, я ответил(а) на все вопросы покупателей. **5)** Да, я рассказал(а) всем покупателям о наших новых товарах. **6)** Да, я послал(а) всем клиентам каталог наших последних моделей.

19. а) 1) Продавец заинтересован в быстрой оплате. **2)** Фабрика заинтересована в современном оборудовании. **3)** Потенциальные партнёры заинтересованы в долговременном сотрудничестве. **4)** Менеджер заинтересован в большой прибыли. **5)** Покупатель заинтересован в высоком качестве товара.

б) 1) постоянным спросом **2)** хорошей репутацией **3)** большим уважением **4)** огромной популярностью **5)** большим авторитетом.

20. 1) Прибор, который был создан… **2)** Товары, которые были проданы… **3)** Компания «Габор», которая была основана… **4)** Бытовая техника, которая сделана… **5)** Российско-австрийское СП, которое было образовано… **6)** Форум, который ориентирован… **7)** Представительство, которое было открыто…

УРОК 9

1. 1) Встреча с партнёрами назначается на вторник. **2)** Электронные приборы продаются оптом. **3)** График работы меняется. **4)** Цены понижаются. **5)** На курсы русского языка принимаются все же-

Ключи

лающие. **6)** В офисе устанавливается новое оборудование. **7)** Качество товаров постоянно улучшается. **8)** Зарплаты редко повышаются.

2. 1) Да, это так. Ситуация на рынке туристических услуг ухудшилась. **2)** Да, это так. Ситуация на рынке недвижимости в Петербурге улучшилась. **3)** Да, это так. Ситуация на рынке персональных компьютеров ухудшилась. **4)** Да, это так. Ситуация на фондовом рынке нашей страны значительно улучшилась. **5)** Да, это так. Ситуация на финансовом рынке ухудшилась.

3. 1) Прибыль компании Nokia увеличилась на 9%. **2)** Оборот фирмы Laima уменьшился на 7%. **3)** Чистая прибыль авиакомпании Delta Air Lines увеличилась в 2 раза. **4)** Чистая прибыль индийского автоконцерна Tata Motors уменьшилась на 29%. **5)** В туристической отрасли некоторых стран прибыль уменьшится на 20 – 25%. **6)** Оборот в нашем Интернет-магазине увеличился в 2 раза.

5. 6) составили… составила… составило… составил… составило… составило… составила.

6. 1) Имидж компании, как правило, зависит от рекламы **2)** Количество заказов, как правило, зависит от размера скидки **3)** Расходы, как правило, зависят от доходов. **4)** Предложение, как правило, зависит от спроса. **5)** Цена, как правило, зависит от качества товаров и услуг. **6)** Спрос, как правило, зависит от цены. **7)** Скидка, как правило, зависит от объёма заказа.

7. а) 1) Через полтора года после основания фирмы. **2)** Через два с половиной месяца после закрытия выставки. **3)** Через полгода после начала работы в отделе. **4)** Через три с половиной года после выхода на европейский рынок.

б) 1) Нет, перед экзаменом. **2)** Нет, перед началом учебного года. **3)** Нет, перед отпуском. **4)** Нет, перед Новым годом.

8. а) 1) За первые два квартала этого года. **2)** За одну неделю. **3)** За первый квартал будущего года. **4)** За первые четыре месяца будущего года.

б) 1) Во время беседы с представителем компании. **2)** Во время интервью с журналистом. **3)** Во время переговоров. **4)** Во время рождественских праздников. **5)** Во время летних каникул.

9. а) 1) в евро **2)** в долларах **3)** в рублях **4)** в фунтах стерлингов.

б) 1) Цена на выставочную площадь устанавливается за 1 (один) квадратный метр. **2)** Цена на бензин устанавливается за 1 (один) литр. **3)** Цена на оборудование устанавливается за 1 (одну) единицу товара. **4)** Цена на обувь устанавливается за 1 (одну) пару. **5)** Цена на кондитерские изделия устанавливается за 1 (один) килограмм. **6)** Цена на ткань устанавливается за 1 (один) метр. **7)** Цена на мягкую мебель устанавливается за 1 (один) комплект.

11. а) 1) – д, **2)** – в, **3)** – б, **4)** – а, **5)** – г.

12. 1) Сегодня во второй половине дня дизайнер и менеджер по рекламе обсудят фон рекламы. **2)** Менеджер по закупкам и менеджер по продажам обсудили сроки поставки первой партии приборов. **3)** Импортёр и экспортёр обсудили условия оплаты заказа. **4)** Менеджер по продажам и менеджер-логист обсудили организацию перевозки товаров в Гамбург. **5)** Завтра менеджер по продажам и клиент обсудят размер предоплаты.

14. 1) Мы сотрудничаем с одним из крупнейших транспортных агентств в регионе. **2)** На выставке наша фирма продемонстрирует одну из новейших моделей планшетов. **3)** Мы импортируем и успешно продаём один из популярнейших в Европе витаминных комплексов. **4)** Наши конкуренты подписали контракт с одним из важнейших в отрасли производителей. **5)** Адам Смит – один из величайших представителей классической экономики. **6)** Мы обсудим это предложение на одном из ближайших совещаний.

15. б) 1) Если банк предоставил бы нам кредит, мы смогли бы приобрести приборы от европейского производителя. **2)** Если вы сегодня уточнили бы число заказываемых приборов, мы завтра же сообщили бы размер скидки. **3)** Если покупатель предоставил бы нам банковскую гарантию, мы поставили бы товар в ближайшее время. **4)** Если производитель предоставил бы нам гарантийное обслуживание, мы подписали бы контракт. **5)** Если экспортёр поставил бы оборудование в первом квартале, мы смогли бы начать производство уже в третьем квартале. **6)** Если Российские железные дороги предоставили бы нам выгодные тарифы, мы отправили бы товар железнодорожным транспортом.

16. а) 1) …в размере десяти процентов. **2)** …в размере пятнадцати процентов. **3)** …в размере семи процентов.

6) 1) …двенадцатипроцентную скидку. **2)** …двадцатипятипроцентную скидку.
3) …восьмипроцентную скидку.
в) 1) …от 3 (трёх) до 8 (восьми) процентов. **2)** …от 4 (четырёх) до 10 (десяти) процентов. **3)** …от 2 (двух) до 4 (четырёх) процентов. **4)** …от 7 (семи) до 15 (пятнадцати) процентов.
г) 1) …восьмидесятипроцентные скидки **2)** …пятидесяти-, семидесяти- и девяностопроцентные скидки. **3)** …двадцатипятипроцентные скидки. **4)** …шестидесятипроцентные скидки. **5)** …скидки от пяти до тридцати процентов.
17. проведённых… предлагаемые… гарантируемое… производимого… предоставляемая… заказываемых.
19. 1) Потвердить, что клиент принимает правила бронирования номера, просят на сайте гостиницы.
2) Подтвердить список товаров в корзине просят на сайте экспресс-доставки. **3)** Подтвердить бронирование на аренду данного автомобиля просят на сайте фирмы по аренде автомобилей. **4)** Подтвердить заказ такси просят на сайте вызова такси. **5)** Подтвердить получение товара просят на сайте интернет-магазина. **6)** Подтведить своё согласие на получение электронной рассылки репертуара просят на сайте театра. **7)** Подтвердите оплату подготовительных курсов просят на сайте института Пушкина.
20. 6) 1) EXW Ex Works – «Франко-завод»; FCA Free Carrier – «Франко перевозчик»; CPT Carriage paid to – „Фрахт/перевозка оплачены до»; CIP Carriage and Insurance paid to – «Фрахт/перевозка и страхование оплачены до»; DAT Delivered and Terminal – «Поставка на терминале»; DAP Delivered and Place – «Поставка в пункте»; DDP Delivered Duty paid – «Поставка с оплатой пошлины».
2) FAS Free alongside Ship – «Франко вдоль борта судна»; FOB Free on Board – «Франко борт»; CFR Cost and Freight – «Стоимость и фрахт»; CIF Cost, Insurance and Freight – «Стоимость, страхование и фрахт».

УРОК 10
1. 1) – д, **2)** – г, **3)** – а, **4)** – б, **5)** – е, **6)** – в, **7)** – д, **8)** – г, **9)** – е, **10)** – б, **11)** – е, **12)** – а, **13)** – д, **14)** – б, **15)** – в, **16)** – г, **17)** – в, **18)** – д, **19)** – а, **20)** – б, **21)** – в, **22)** – д, **23)** – г, **24)** – а, **25)** – б.
2. 1) – а, **2)** – в, **3)** – б, **4)** – а, **5)** – б), **6)** – а, **7)** – в, **8)** – б, **9)** – а, **10)** – б, **11)** – б, **12)** – в).
3. 1) Компания ООО «Хольцкёниг», созданная в 1901 году,… **2)** Мебель, выпускаемая этой фабрикой,… **3)** Фирма «Виктория-Тревел», работавшая только на российских направлениях,… **4)** Российские компании, производящие продукты питания,… **5)** Молодые люди, оканчивающие школу в этом году,… **6)** На выставке «Мир путешествий», проходящей в Казани,… **7)** Предложение о сотрудничестве, принятое нашей фирмой,… **8)** Ярмарка «Книги России», уже ставшая традиционной,… **9)** Каталог, направляемый нами,… **10)** Договор, вчера подписанный нами,…
4. а) растёт… достиг… составил… уменьшилось… изменилось.
б) постоянно… резко… стабильно… медленно.
в) стоимость… увеличение… рост… пик… снижение… динамика… плюс.
7. а) 1) – г, **2)** – б; **б) 1)** – в, **2)** – в; **в) 1)** – б, **2)** – в.